A reflexão e a prática no ensino

3

Leitura e Produção de Texto

Blucher

A reflexão e a prática no ensino

3

Leitura e Produção de Texto

Márcio Rogério de Oliveira Cano
coordenador

ANNA MARIA MARQUES CINTRA
LÍLIAN GHIURO PASSARELLI
autoras

Coleção A reflexão e a prática no ensino - Volume 3 - Leitura e Produção de Texto

MÁRCIO ROGÉRIO DE OLIVEIRA CANO (coordenador)

©2012 ANNA MARIA MARQUES CINTRA, LÍLIAN GHIURO PASSARELLI.

Editora Edgard Blücher Ltda.

Blucher

Rua Pedroso Alvarenga, 1245, 4º andar

04531-012 – São Paulo – SP – Brasil

Tel.: 55 11 3078-5366

editora@blucher.com.br

www.blucher.com.br

Segundo o Novo Acordo Ortográfico, conforme 5. ed. do *Vocabulário Ortográfico da Língua Portuguesa*, Academia Brasileira de Letras, março de 2009

É proibida a reprodução total ou parcial por quaisquer meios, sem autorização escrita da Editora.

Todos os direitos reservados pela Editora Edgard Blücher Ltda.

Ficha catalográfica

Cintra, Anna Maria Marques

Leitura e produção de textos / Anna Maria Marques Cintra, Lílian Ghiuro Passarelli. -- São Paulo: Blucher, 2011. -- (Série a reflexão e a prática no ensino; 3 / Márcio Rogério de Oliveira Cano, coordenador)

ISBN 978-85-212-0648-4

1. Argumentação 2. Escrita 3. Gêneros literários 4. Leitura 5. Linguagem e línguas - Estudo e ensino 6. Português - Redação 7. Semântica 8. Textos I. Passarelli, Lílian Ghiuro. II. Cano, Márcio Rogério de Oliveira. III. Título. IV. Série.

11-13885	CDD-469.8407

Índices para catálogo sistemático:

1. Textos: Leitura e produção: Português: Linguística: Estudo e ensino 469.8407

Sobre os autores

MÁRCIO ROGÉRIO DE OLIVEIRA CANO (COORD.)

É mestre e doutorando pelo Programa de Estudos Pós-Graduados em Língua Portuguesa da Pontifícia Universidade Católica de São Paulo. Desenvolve pesquisas na área de Ensino de Língua Portuguesa e Análise do Discurso. Possui várias publicações e trabalhos apresentados na área, além de vasta experiência nos mais variados níveis de ensino. Também atua na formação de professores de Língua Portuguesa e de Leitura e produção de textos nas diversas áreas do conhecimento nas redes pública e particular.

ANNA MARIA MARQUES CINTRA

É doutora em Letras/Linguística pela Universidade de São Paulo, professora titular do Departamento de Português da Pontifícia Universidade Católica de São Paulo e Professora aposentada da Escola de Comunicação e Artes da Universidade de São Paulo. No Programa de Pós-Graduação em Língua Portuguesa da PUC-SP, desenvolve pesquisas em leitura e produção textual, voltadas para o ensino da Língua na escola básica e no ensino superior. Participou da capacitação de cerca de dez mil professores da rede pública estadual de São Paulo, coordenando projetos, produzindo materiais e atuando em oficinas. Suas publicações estão mais voltadas para suas pesquisas.

LÍLIAN GHIURO PASSARELLI

É doutora pela PUCSP em Língua Portuguesa, com Licenciatura em Letras - Português, Inglês, Francês e suas literaturas. Atua na mesma universidade como Suplente de Chefe do Departamento de Português, leciona em cursos de graduação e pós-graduação e, em relação ao exame vestibular, elabora questões e coordena a banca de correção de redação. Tem larga experiência em educação linguística continuada de professores da rede pública e privada. Em avaliação institucional, coordena as áreas de Leitura e Produção Textual na Avalia Educacional. Atua na vice-liderança do Grupo de Pesquisa Estudos da Linguagem para Ensino do Português (GELEP-PUCSP) e como pesquisadora do Grupo de Tecnologia Educacional e Educação a Distância (TEED-PUCSP) e do SubGT Ensino-Aprendizagem de Línguas, que compõe o Grupo de Trabalho de Linguística Aplicada (GT-LA) da Associação Nacional de Pós-Graduação e Pesquisa em Letras e Linguística (ANPOLL). Desenvolveu pesquisa de pós-doutorado em educação linguística continuada no IEL (UNICAMP).

Apresentação

A experiência é o que nos passa, o que nos acontece, o que nos toca. Não o que se passa, não o que acontece, ou o que toca. A cada dia se passam muitas coisas, porém, ao mesmo tempo, quase nada nos acontece. Dir-se-ia que tudo o que se passa está organizado para que nada nos aconteça. Walter Benjamin, em um texto célebre, já observava a pobreza de experiências que caracteriza o nosso mundo. Nunca se passaram tantas coisas, mas a experiência é cada vez mais rara.

Jorge Larrosa Bondía, 2001,
I Seminário Internacional de Educação de Campinas.

Esse trecho de uma conferência de Larrosa é emblemático dos nossos dias, da nossa sociedade do conhecimento ou da informação. Duas terminologias que se confundem muitas vezes, mas que também podem circular com conceitos bem diferentes. Vimos, muitas vezes, a sociedade do conhecimento representada como simples sociedade da informação. E não é isso que nos interessa. Em uma sociedade do conhecimento, podemos, por um lado, crer que todos vivam o conhecimento ou, por outro, que as pessoas saibam dele por meio de e como informação. Nunca tivemos tanto conhecimento e nunca tivemos tantas pessoas informadas e informando. Mas a experiência está sendo deixada de lado.

O grande arsenal tecnológico de memorização e registro, em vez de tornar as experiências do indivíduo mais plenas, tem esvaziado a experiência, já que todos vivem a experiência do outro, que vive a experiência do outro, que vive a experiência do outro... Quando não tínhamos muito acesso aos registros da história, era como se vivêssemos o acontecimento sempre pela primeira vez. Hoje, parece que tudo foi vivido e está registrado em algum lugar para que possamos seguir um roteiro. Isso é paradoxal.

No entanto, não compactuamos com uma visão pessimista de que tudo está perdido ou de que haja uma previsão extremamente desanimadora para o futuro, mas que, de posse do registro e do conhecimento, podemos formar pessoas em situações de experiências cada vez mais plenas e indivíduos cada vez mais completos. E parece-nos que a escola pode ser um lugar privilegiado para isso. Uma escola dentro de uma sociedade do conhecimento não deve passar informações, isso os alunos já adquirem em vários lugares, mas sim viver a informação, o conhecimento como experiência única, individual e coletiva.

Tendo a experiência como um dos pilares é que essa coleção foi pensada. Como conversar com o professor fazendo-o não ter acesso apenas às informações, mas às formas de experienciar essas informações juntamente com seus alunos? A proposta deste livro é partir de uma reflexão teórica sobre temas atuais nas diversas áreas do ensino, mostrando exemplos, relatos e propondo formas de tornar isso possível em sala de aula. É nesse sentido que vai nossa contribuição. Não mais um livro teórico, não mais um livro didático, mas um livro que fique no espaço intermediário dessas experiências.

Pensando nisso como base e ponto de partida, acreditamos que tal proposta só possa acontecer no espaço do pensamento interdisciplinar e transdisciplinar. Tal exercício é muito difícil, em virtude das condições históricas em que o ensino se enraizou: um modelo racionalista disciplinar em um tempo tido como produtivo. Por isso, nas páginas desta coleção, o professor encontrará uma postura interdisciplinar, em que o tema será tratado pela perspectiva de uma área do conhecimento, mas trazendo para o seu interior pressupostos, conceitos e metodologias de outras áreas. E também encontrará perspectivas transdisciplinares, em que o tema será tratado na sua essência, o que exige ir entre, por meio e além do que a disciplina permite, entendendo a complexidade inerente aos fenômenos da vida e do pensamento.

Sabemos, antes, que um trabalho inter e transdisciplinar não é um roteiro ou um treinamento possível, mas uma postura de indivíduo. Não teremos um trabalho nessa perspectiva, se não tivermos um sujeito inter ou transdisciplinar. Por isso, acima de tudo, isso é uma experiência a ser vivida.

Nossa coleção tem como foco os professores do Ensino Fundamental do Ciclo II. São nove livros das diversas áreas que normalmente concorrem no interior do espaço escolar. Os temas tratados são aqueles, que são chave para o ensino, orientados pelos documentos oficiais dos parâmetros de educação e que estão presentes nas pesquisas de ponta feitas nas grandes universidades. Para compor o grupo de trabalho, convidamos professoras e professores de cursos de pós-graduação, juntamente com seus orientandos e orientandas de doutorado e de mestrado e com larga experiência no ensino regular. Dessa forma, acreditamos ter finalizado um trabalho que pode ser usado como um parâmetro para que o professor leia, possa se orientar, podendo retomá-lo sempre que necessário, juntamente com outros recursos utilizados no seu dia a dia.

Márcio Rogério de Oliveira Cano
Coordenador da coleção

Prefácio

Como professoras que somos, sabemos que o trabalho diário, na sala de aula, seja em que nível for, oferece dificuldades que vão além dos conteúdos a serem ministrados. Considerando a complexidade da atuação profissional, propomos, neste livro, informações e sugestões de ações sobre leitura e produção textual, pilares básicos da educação linguística em língua materna.

Em cada um dos capítulos, procuramos mobilizar saberes que podem levar o professor comprometido com sua profissão a encontrar sugestões e motivação para "ensinar", ou melhor, para conduzir seus alunos a construir seus próprios conhecimentos.

Ainda que tenhamos dado maior ênfase à linguagem expressa em papel, no capítulo final de cada parte, procuramos deixar assinalada a possibilidade de repensar um trabalho com meios digitais. Mas, independentemente do meio em que a expressão linguística se encontre, enfatizamos a importância da atuação do professor como mediador e animador, de modo que seus alunos se tornem capazes de produzir sentidos para o que leem e para o que registram por escrito.

É evidente que não esgotamos todas as possibilidades de trabalho com leitura e produção textual. Apenas procuramos apresentar alternativas que, no nosso entender, podem ser utilizadas e recriadas por outros profissionais na eterna, constante e necessária ressignificação das práticas pedagógicas.

Conteúdo

1. LEITURA COMO LETRAMENTO: PARA ALÉM DA ALFABETIZAÇÃO 17

1.1. Preliminares 17

1.2. A concepção de leitura adotada 19

     Exemplo 1 20

1.3 Quando o texto apresenta falhas 24

Para finalizar... 30

REFERÊNCIAS 31

SUGESTÕES DE LEITURA 31

2. FUNÇÕES SOCIAIS DA LEITURA 33

2.1 Para que serve a leitura 33

2.2 Por que ler é importante? 34

2.3 Ler para quê? 35

     A leitura / busca de informações 36

     A leitura/estudo do texto 36

     A leitura do texto/pretexto... 37

     A leitura/fruição do texto 37

Para finalizar... 45

REFERÊNCIAS 45

SUGESTÕES DE LEITURA 46

3. INTERTEXTUALIDADE E ESTRATÉGIAS DE LEITURA 47

3.1. Preliminares 47

3.2. Intertextualidade 48

Exemplo 1 49

3.3. Para além da mera decodificação 51

3.4. Estratégias de leitura 52

Cognitivas 53

Metacognitivas 53

Exemplo 2 58

Para finalizar... 63

REFERÊNCIAS 63

SUGESTÕES DE LEITURA 64

4. COMPREENSÃO E INTERPRETAÇÃO 65

4.1 A compreensão 65

Variáveis 66

Exemplo 1 68

4.2. Sobre inferências 69

4.3. Interpretação 71

Exemplo 2 73

Para finalizar 77

REFERÊNCIAS 78

SUGESTÕES DE LEITURA 79

5. LEITURA NO MUNDO CONTEMPORÂNEO E AVALIAÇÃO DE LEITURA 81

5.1. Um novo contexto 81

5.2. Preconceito ou falta de conceito? 89

5.3. Leitura em tempos de tecnologias da informação 89

Exemplo 1 86

5.4 Avaliação de leituras 88

Exemplo 2 92

Para finalizar 93

REFERÊNCIAS 93

SUGESTÕES DE LEITURA 94

6. O QUE É E PARA QUE SERVE A ESCRITA 95

6.1 A mediação do professor diante do ato de escrever....................................95

6.2 O processamento do texto: uma breve reflexão sobre o ato de escrever 96

6.3 Painel de depoimentos sobre o ato de escrever..98

6.4 Virando o jogo do ensino da escrita: do produto para o processo 102

6.5 Conhecendo as etapas do processo do ato de escrever 103

Para finalizar... 109

REFERÊNCIA 109

SUGESTÕES DE LEITURA 109

7. O PAPEL DA LEITURA E O CONTEXTO DE PRODUÇÃO DO TEXTO ESCRITO 111

7.1 A influência da leitura no processo de produção da escrita 111

7.2 O processo da escrita fomentado por outro: o da leitura. 113

    Exemplo 1 114

    Exemplo 2 117

7.3 Peculiaridades que envolvem o contexto de produção..............................118

    Exemplo 3 119

7.4 O plano de ação do professor 120

    Exemplo 4 123

Para finalizar... 124

REFERÊNCIA 124

SUGESTÕES DE LEITURA 125

8. O PLANEJAMENTO DE UM TEXTO A PARTIR DO *JOGO DA MENTIRA* 127

8.1 Planejando um texto 127

8.2 Sugestão de situações que motivem a escritura..129

    A motivação 130

    Exemplo 1 130

    Exemplo 2 133

8.3 O planejamento 135

    Exemplo 3 136

Para finalizar... 138

REFERÊNCIAS 138

SUGESTÕES DE LEITURAS 139

9. TRADUÇÃO DE IDEIAS EM PALAVRAS, REVISÃO E EDITORAÇÃO 141

9.1 Preliminares 141

9.2. A tradução de ideias em palavras... 142

9.3. Revisão 145

9.4 Editoração.. 150

Para finalizar... 151

REFERÊNCIAS 153

SUGESTÕES DE LEITURAS 154

10. A PRODUÇÃO ESCRITA NA WEB E A AVALIAÇÃO EM GERAL 155

10.1. Preliminares 155

10.2. Uma nova linguagem?... 156

    Exemplo 1 157

10.3. Avaliação do texto escrito em geral 161

    Exemplo 2 162

    Exemplo 3 166

    Exemplo 4 168

Para finalizar 170

REFERÊNCIAS 170

SUGESTÕES DE LEITURA 171

Considerações finais 173

1

Leitura como letramento: para além da alfabetização

1.1. PRELIMINARES

A leitura como processo de construção de sentido tem início na infância, com a alfabetização, e se prolonga pela vida, daí a associação comumente feita entre leitura e letramento, uma vez que a competência leitora pode ser aprimorada ao longo da vida, seja na escola, seja fora dela.

Embora visto como um processo natural para sujeitos alfabetizados, o ato de ler em suportes que se valem da língua escrita envolve habilidades e eventuais problemas que demandam atenção.

No conjunto das habilidades de primeira ordem, não se costuma destacar a decodificação, pelo fato de já se pressupor, no ambiente escolar, o conhecimento da língua nesse nível. Ultrapassando essa habilidade de primeira ordem, várias outras podem ser mencionadas como, por exemplo, a formação de um repertório que permita ao leitor associar e relacionar informações novas e velhas, o estabelecimento de finalidades para ler, a constituição de uma teoria de mundo do leitor.

Segundo Smith (1989, p.22-23), a teoria de mundo refere-se ao que possuímos em nossas cabeças, ou seja, a como o mundo é para nós, a partir de construções feitas com nossa percepção, o que, para o autor, constitui a raiz de todo aprendizado e fonte de esperanças, medos, expectativas, criatividade etc.

> **Habilidades:** diferentemente das competências que o leitor já traz consigo, as habilidades podem ser desenvolvidas por meio do ensino. Referem-se a qualidades adquiridas pelo leitor, ao executar o ato de ler com proficiência.

Já em relação aos problemas envolvidos eventualmente no ato de ler, eles podem ser de diferentes naturezas como: o despreparo prévio do leitor para ler determinados gêneros com que tem mais familiaridade ou não; dificuldades com o vocabulário do texto; equívoco na seleção do texto que não atende à sua expectativa; falta de condições físicas ou psicológicas para ler, como cansaço, ambiente ou horário inadequados.

A consolidação de propostas teóricas sobre leitura, no século XX, praticamente não se distancia muito da chegada do computador como objeto de consumo, ampliando o conceito de leitura, ao mesmo tempo em que nos provoca para refletir sobre o mapa da "desleitura" entre jovens e adultos no País.

Já é lugar comum dizer que o brasileiro lê pouco. Mas é fundamental mencionar que se lê pouco em língua escrita, em papel. É provável que, se considerarmos a leitura em outros suportes como o computador, o celular, a televisão, o cinema e, em futuro próximo, a leitura no i-pad, no kindle, além de outros recursos que poderão surgir, o mapa deverá ser alterado.

No entanto, ainda não temos claro se o exercício da leitura em outros suportes formará leitores mais proficientes para o papel. O que tem sido divulgado pela imprensa é a preferência de crianças e jovens para ler livros em suportes digitais, nos países onde esses recursos já são mais comuns.

Mas vamos ficar, por enquanto, no ambiente escolar, no qual a leitura ainda vem sendo feita prioritariamente em papel e tomada como meio para obter informações de várias naturezas, com o objetivo de ampliar o conhecimento do aluno em determinadas áreas do saber.

Ainda em termos de problemas, talvez possamos identificar, no dia a dia da escola, que muitas leituras ficam no nível da obtenção de informação para dar conta de alguma tarefa solicitada. Essa informação pode ser logo descartada pelo leitor, quando ele não encontra interesse e finalidade clara no que leu, a não ser "livrar-se" da tarefa. No entanto, há leituras que conseguem ser devidamente processadas pelo aluno leitor e se transformam em conhecimentos armazenados na sua memória, porque se conectam a seus interesses, a suas necessidades de conhecimento.

Mas não deixa de ser intrigante entender por que, na sala de aula, somente algumas informações são processadas apenas por alguns alunos, e de forma diferente entre eles, ainda que todos as tenham recebido no mesmo momento e da mesma forma.

Estudos de cognição têm insistido na plasticidade e dinamicidade da inteligência humana, nas diferenças de processamento em função de fatores culturais, como a história de vida do leitor, e fatores biológicos, relacionados ao funcionamento cognitivo de cada um.

> Cognição: refere-se ao processo de recepção e organização do conhecimento no nosso cérebro.

Também não podem ser esquecidos fatores externos ao sujeito, que têm repercussão na cognição, como a seleção dos textos feita pelo professor, a pressão para ler todos os títulos indicados nos grandes vestibulares, por exemplo, o aproveitamento didático do texto, muitas vezes usado apenas para fazer resumo, como forma de comprovação da leitura ou para retomar pontos da gramática.

Com relação à seleção de textos, muitas vezes, o professor se vê indeciso entre o que acredita ser importante que os alunos conheçam, seja porque pessoalmente ele aprecie determinado tema ou livro, seja porque se trata de alguma coisa reconhecida no meio social, como é a lista de livros cuja leitura se faz necessária para enfrentar os vestibulares.

Entretanto, a escolha do que o professor acredita ser importante que conheçam não pode estar dissociada das possibilidades de leitura dos alunos, nem do significado de uma oportuna ampliação de repertório, ou da construção de conhecimentos que altere a teoria de mundo de cada um.

Dessa forma, ainda que não seja possível descartar escolhas relacionadas ao interesse imediato dos alunos, não se pode restringir a escola apenas a esse imediatismo. É seu papel formar sujeitos para a vida em sociedade e, em muitos casos, se não for criada, na escola, a oportunidade de ler textos fundamentais da literatura nacional ou estrangeira, provavelmente esses textos nunca venham a ser lidos pela grande maioria dos alunos.

1.2. A CONCEPÇÃO DE LEITURA ADOTADA

Na segunda metade dos anos 1980, com a clara rejeição da concepção de língua como comunicação e a clareza com que o contexto político e ideológico se fazia presente, chegam ao campo do ensino de língua portuguesa, no Brasil, teorias linguísticas que geraram o desprestígio da comunicação pela comunicação e a adoção de novos parâmetros, nem sempre claros, mas caminhando de forma irreversível.

Geraldi (1997, p.17) considera, nesse período, a formação de dois grupos complementares entre si: um voltado para as pesquisas que esquadrinhavam as práticas pedagógicas em que a leitura de textos (literários ou não) dividia espaço, entre outras questões, com o ensino de gramática, com a variação linguística, com a análise de redações; e outro grupo que, apoiando-se ou não em resultados de pesquisas, buscava detectar mais diretamente a escola como ela era, numa tentativa de propor algo capaz de interferir na realidade e mostrar como ela poderia vir a ser, valendo-se, ainda, da leitura, da gramática, da variação linguística, da redação etc.

Nesse contexto, a leitura exclusiva de textos literários passa a ser confrontada com a leitura de textos do cotidiano, como os de jornais, e o leitor ganha um novo status que, de certa forma, o equipara ao autor e ao próprio texto.

Estudos dos filósofos de Oxford*, na Inglaterra, na década de 1960, abriram novas perspectivas para concepções de linguagem, na medida em que ela passa a ser tomada como ação e não mais como mero instrumento de comunicação ou de conceptualização. Assumida como forma e lugar onde se dá a prática de diferentes atos sociais, a linguagem ficou compromissada, por consenso, com o coletivo, por meio de regras estabelecidas no próprio processo.

Assim, tem lugar no interior dos estudos da linguagem, a Pragmática que se refere a teorias do uso linguístico, que implicam o princípio de cooperação na interlocução, de sorte que a interpretação daquele que ouve vai além do significado literal da fala.

O princípio: *Faça sua contribuição convencional tal como é requerida, no momento em que ocorre, pelo propósito ou direção do intercâmbio conversacional em que você está engajado* (GRICE, 1982, p. 86).

EXEMPLO 1

Pedro caminha pelo parque e, de repente, encontra um rosto conhecido. Imediatamente, dirigindo-se à pessoa, diz "Bom dia". Conti-

---

Filósofos de Oxford: Estudos de Filosofia da Linguagem ganharam importância com L. Wittgenstein, falecido em 1951. Na década de 1960 filósofos da linguagem J.L. Austin, P.H. Grice, L.F. Strawson produziram estudos de grande repercussão.

> nua sua caminhada e se dá conta de que não desejou bom dia à pessoa, mas apenas cumpriu um ritual de boa educação.
>
> De fato, sua manifestação linguística se deu numa determinada situação e com uma intenção completamente fora do contexto de um desejo que expressasse literalmente suas palavras.
>
> Seguramente, também, Pedro não terá desejado um mau dia para seu conhecido. Apenas, por se tratar de uma fórmula social, a intenção foi a de meramente saudar o outro.
>
> Continuando sua caminhada, lhe ocorreu outra fórmula comum no mesmo contexto: "Como vai?" E aí pensou como seria triste se o interlocutor interpretasse a frase ao pé da letra e resolvesse contar, em detalhes, como estaria passando...

Assim, pela linguagem, a prática de atos sociais acarreta reações, comportamentos que fazem parte do jogo em que todos estão envolvidos. Portanto, a interação não diz respeito apenas ao contato entre pessoas, mas abrange a forma do contato, as reações dos parceiros sociais, uma vez que a linguagem passa a ser assumida como atividade. O olhar do estudioso projeta-se, pois, para a língua e seus usuários em situações pragmáticas.

A leitura, por sua vez, como prática escolar, embora muitas vezes ainda carente de base teórica, passa, em fins do século XX e início do XXI, a ser uma das mais importantes habilidades a serem desenvolvidas, porque se acreditava que nela, com ela e a partir dela tudo aconteceria na sala de aula.

Com o passar dos anos, a leitura continua a ser tida como atividade fundamental na escola, mas ainda carecendo de pedagogias eficazes.

Entre as concepções mais almejadas para transformar nossa realidade está a interacionista que tem na sua base a "cooperação" e o "diálogo", fundados na linguagem ação, que abre novo espaço para o leitor, uma vez que ao ler, ele não só recebe informações, mas as produz. Como sujeito ativo que é, amalgama seus saberes disponíveis na memória às informações recebidas e produz sentido.

Operadores argumentativos: elementos gramaticais que indicam a força argumentativa de enunciados.

Significado: é o que o autor pretendeu construir por meio dos componentes linguísticos.

Sentido: é produzido pelo leitor, como resultado da interlocução.

Mas se o leitor é tomado como parceiro do autor, não se pode negar que seus comandos mentais (cognitivos e linguísticos) só são acionados por aquilo que o autor lhe ofereceu, graças às marcas explícitas ou implícitas por ele deixadas, por meio de expressões, arranjos sintáticos, operadores argumentativos etc.

Bem por isso, parece indiscutível que a construção do significado num texto seja tarefa inicial do autor, mas nada garante que o leitor vá construir sentidos na direção exata das intenções do autor.

A propósito, nos ocorre Petit (2008, p. 40-41) que cita dizer do escritor indiano Salman Rushdie:

> *O significado é um edifício que construímos com fragmentos, dogmas, feridas de infância, artigos de jornal, observações feitas ao acaso, velhos filmes, pequenas vitórias, pessoas que odiamos, pessoas que amamos.*

E completa a autora, admitindo que o escritor parece ter razão, pois "é a partir de fragmentos, apanhados aqui e ali, que fabricamos o sentido" (Petit, 2008, p. 41).

Em relação ao autor, convém assinalar que não bastasse nossa própria dificuldade para expressar o que queremos, poetas e escritores têm testemunhado suas angústias para criar um texto diante da folha em branco. Mas, como leitores, também participamos com nossa teoria de mundo, com nossa percepção do tom do texto, e até mesmo das intenções do autor, na medida em que captamos marcas explícitas ou implícitas deixadas por ele.

O estudo das habilidades e capacidades que envolvem o ato de ler abriu caminho para trabalhos voltados à construção, pelo leitor, do significado textual e dos sentidos coerentes, isso sem ignorar ser ele um sujeito relativamente livre, porque submetido a condições como faixa etária, desenvolvimento intelectual, experiência de mundo, ou seja, a liberdade relativa está condicionada aos limites delineados pelo próprio texto.

E, nessa mesma direção, há que se considerar que todo texto é produzido para determinados receptores, e a eficácia da sua recepção depende, em boa parte, da capacidade do autor em estabelecer com seus leitores potenciais uma relação cooperativa.

Ao adotarmos a leitura como processo interativo, fica descartada a concepção de mera decodificação de mensagem e, junto, a possibilidade de textos neutros, tanto do ponto de vista do autor, como do leitor, uma vez que o texto se coloca como um objeto construído por um autor e reconstruído por um leitor, ambos membros de uma dada sociedade.

Sendo a linguagem intrinsecamente comprometida com o ambiente cultural e, por isso mesmo, com a ideologia, tanto no processo de produção, quanto no de recepção de um texto, autor e leitor deixam passar traços indicadores de suas intenções, de seus valores, o que impede a fixação de um objeto neutro, inteiramente acabado e pronto para ser decodificado.

Em consequência, torna-se imperioso, para a compreensão de um texto, a assunção de que os conhecimentos prévios do leitor, como elementos fundamentais, podem ser hipotetizados pelo redator no momento da escritura, quando ele tem maior clareza de seu público.

Diante do exposto, fica claro que não basta só a disposição do leitor para ler, pois se lhe falta preparo prévio, seja de que natureza for, sua leitura poderá estar seriamente comprometida.

Outro aspecto a ser considerado diz respeito à autoridade do texto escrito. Mesmo que se saiba que todas as línguas dispõem de mecanismos para a formação de palavras e que o sistema lexical permite combinações ainda não realizadas, ao se depararem com uma palavra nova, as pessoas são, frequentemente, compelidas a verificar se ela existe no dicionário. E isso sem verificar em que ano o dicionário foi publicado.

A simples ausência da palavra serve para que haja uma condenação imediata, ainda que esteja empregada: se não foi dicionarizada, essa palavra não existe.

Mas, além do dicionário, o mesmo fenômeno de rejeição pode ser observado por razões de preconceito, como ocorreu no Brasil, há vários anos. Um ministro de Estado, conhecido por sua instrução apenas mediana, usou palavra muito bem formada, mas inusitada: imexível. A ausência nos dicionários provocou grande celeuma na imprensa brasileira. Provavelmente, se a palavra tivesse sido empregada por um intelectual, ninguém teria ido a um dicionário para verificar sua inexistência. De pronto, seria aceita e, talvez, incorporada ao vocabulário da própria imprensa.

A esse propósito, adverte Bechara (Folha Dirigida, 2001):

> *Fizeram o maior alarde porque não encontraram a palavra no dicionário. Esqueceram a potencialidade da língua, que*

nada mais é do que um reflexo sociocultural das comunidades. Se pegarmos a morfologia de impagável, imutável, o 'imexível' do Magri foi e sempre será perfeitamente possível.

1.3. QUANDO O TEXTO APRESENTA FALHAS

No caso de um texto apresentar falhas, pode ocorrer comprometimento na leitura, ou simplesmente o leitor superar o instante de desconforto com rapidez, porque faz, de forma automática, a devida correção, pois é comum acontecer de "lermos o que queremos".

Sobre a falta de qualidade do texto escrito, Kato (1985, p. 58) assinala que isso pode estar relacionado a fatores internos ou externos. Referindo-se aos fatores internos, adverte que a crença de que um texto mais simples é mais legível não se sustenta e aponta, como primeiro critério de legibilidade, a sua qualidade, que, por sua vez, se relaciona a três fatores: sua boa formação estrutural, a adequada progressão semântica de suas ideias e a consistência de registro, ou seja, a manutenção do nível de linguagem que lhe é peculiar.

Com relação aos fatores externos, é na fase de "edição" que o autor pode verificar aspectos como correção gramatical, diagramação, qualidade do papel, tipo de letra (fonte). Sabemos que problemas em cada um desses aspectos podem dificultar a leitura.

Evidentemente, textos com grande comprometimento, como conceitos politicamente incorretos, ou estruturas gramaticais inadequadas, como falta de paralelismo sintático, falta de nexo entre partes do texto, ou até mesmo erros ortográficos, entre outros, facilmente levam a condições adversas de leitura, seja pela produção de ruídos na comunicação, seja pela indisposição provocada para se efetivar a leitura.

FOLHA DE S.PAULO *São Paulo, quinta-feira, 15 de fevereiro de 2007* *Caderno Equilíbrio*

neurociência
Suzana Herculano-Houzel

Neurocientista no salão

Ser colunista é ótimo por várias razões, mas de uma eu gosto em particular: ter de escrever artigos quinzenalmente é a desculpa perfeita para embarcar em investigações paralelas aos assuntos habituais do laboratório. E assim eu me vi fazendo aulas de dança de salão. Neurocientificamente, claro.

Aprender a dançar é um prato feito para uma neurocientista de plantão. Tudo começa com o planejamento. É preciso encontrar o local, escolher uma turma adequada ou um professor particular e coordenar dia e hora com todos os afazeres habituais, o que dá trabalho ao córtex pré-frontal. Marcado o dia, vem o prazer da expectativa, a antecipação da recompensa de rodopiar com a música.

[...] Dançando, é possível manter saudável a resposta do cérebro ao estresse e treinar a memória e as habilidades sociais.

E então as aulas. Os professores sabem há tempos que o cérebro aprende novos programas motores aos poucos, então ensinam os passos em etapas. O córtex motor elabora a nova sequência de movimentos, até então nunca usada, ordena sua execução e começa a ajustá-la, de acordo com os erros e os acertos, com a ajuda dos núcleos da base.

Depois que cada sequência é polida, é hora de coordená-las em um programa motor completo que cuida da

execução fluida de combinações de "sombreros", "coca-colas" e "passeias" no ritmo da música, de preferência, se seu cerebelo aju-

dar. E haja cerebelo para manter o prumo com tantos rodopios.

Até aí vai. Mas cantarolar a música e dançar ao mesmo tempo leva um tempo. Enquanto os programas motores recém-adquiridos não se tornam automáticos e liberam o córtex para outros assuntos, preciso de todos os neurônios corticais disponíveis para supervisionar meus passos.

O bom é que, como preciso concentrar esforços sobre minhas pernas, os problemas do mundo lá fora ficam lá fora. Com mais treino e uma música rápida demais para meu córtex dar conta, descubro um dia que meus núcleos da base já sabem encadear sozinhos todos os programas motores necessários. Meu cérebro aprendeu a dançar salsa!

Dança de salão é tudo de bom. As academias são lugares alegres, cheios de jovens e idosos, todos dispostos a aprender coisas novas – e ainda oferecem um exercício completo para o cérebro. Dançando, é possível suar e manter saudável a resposta do cérebro ao estresse, treinar a memória, aprendendo passos e nomes novos, exercitar suas habilidades sociais, interagindo com pessoas desconhecidas, e ainda ativar o sistema de recompensa, o que garante boas horas de prazer e diversão. E depois... é hora do baile!

SUZANA HERCULANO-HOUZEL/FOLHAPRESS, neurocientista, é professora da UFRJ e autora de "O Cérebro Nosso de Cada Dia" (ed. Vieira & Lent) e de "O Cérebro em Transformação" (ed. Objetiva) *suzanahh@folhasp.com.br*

Como foi dito, toda leitura deve ter uma finalidade. Tentemos estabelecer uma para nossa leitura do texto apresentado. Faremos três sugestões, mas, evidentemente, o professor poderá encontrar outras finalidades para seus alunos.

Sugestão 1:

Curiosidade – vamos ler para satisfazer nossa curiosidade diante da inusitada junção no título dos termos neurocientista e salão. A que tipo de salão irá se referir? A leitura do texto publicado em jornal de grande circulação, mais especificamente num suplemento voltado à saúde, à qualidade de vida, irá satisfazer nossa curiosidade.

Sugestão 2:

Interesse pessoal – a neurociência constitui tema de nosso interesse pessoal, logo queremos ver do que se trata para obter novas informações e, quiçá, construir novos conhecimentos sobre a área.

Sugestão 3:

Trabalho com a linguagem – utilizar o texto para um trabalho que desenvolva competências linguageiras.

Obs.: nas três sugestões, é indubitável que o trabalho com a linguagem seja desenvolvido. A diferença seria a ênfase dada pelo professor em relação à finalidade que elege como ponto de partida para a leitura desse texto do cotidiano comunicativo.

Como ponto de partida, sugerimos formular algumas perguntas, tendo como foco a finalidade estabelecida para a leitura, sempre sem perder de vista o suporte, uma vez que ele já nos oferece pistas de diferentes naturezas para melhor construirmos o sentido do texto. Bem por isso, a primeira pergunta pode ser justamente sobre a relação entre o suporte e o público-alvo.

Como não se separa o que é dito das condições institucionais do dizer, pois o modo de existência material e o modo de difusão de um texto intervêm na sua constituição, já temos um bom indício sobre a influência que o suporte exerce sobre as escolhas, quanto ao modo de dizer para um dado tipo de leitor.

O leitor de um jornal como a *Folha de S.Paulo* é diferente do leitor de jornais mais populares. Logo, o texto em tela, dirigido ao leitor pré-concebido desse jornal – pré-concebido em relação ao nível socioeconômico, entre outros fatores –, é construído com uma linguagem acessível para tratar de assunto não tão acessível, mas que se torna legível para leigos por ser essa a função social que gêneros de divulgação da ciência cumprem para responder a necessidades sociais.

Retomando as sugestões apresentadas:

SUGESTÃO 1:

Instigar os alunos a lerem por curiosidade também pode ser um bom ardil do professor para fomentar a ampliação do repertório deles, e, assim, incrementar a teoria de mundo de cada um.

- Trata-se de um texto de divulgação científica ou tem mais feição de uma crônica?

→ Todo gênero textual se funda em critérios externos: sociocomunicativos e discursivos. Um texto se organiza dentro de determinado gênero, em função das intenções comunicativas. Nesse sentido, o texto em análise, apesar de algumas características próximas do gênero crônica, em função da forma com que o assunto é trabalhado e também em função do perfil da autora, pode ser considerado um texto de divulgação científica.

Os pesquisadores fazem a divulgação para seus pares e, dependendo do objeto em estudo, os resultados chegam ao grande público por meio da divulgação científica.

- Já havíamos pensado na atividade cerebral exigida no aprendizado da dança?

→ Apesar de as respostas aqui terem um cunho bem mais pessoal, podemos levar os alunos a expor o que pensam com base em suas próprias experiências como "dançarinos" de estilos de dança que os jovens preferem.

- O texto respondeu bem à nossa curiosidade?

→ O assunto em si e o tratamento conferido ao assunto podem surpreender o leitor, na medida em que ele encontra (ou não) correspondência com o que imaginou ao ler o título, por exemplo.

SUGESTÃO 2:

- As informações específicas são suficientes para acrescentar algo ao nosso conhecimento sobre neurociência?

→ Tal questão pode gerar um diálogo não somente entre alunos e professor de língua portuguesa sobre o grau de conhecimento em relação a esse ramo da ciência, mas também com o professor de biologia.

- O texto frustra nossa expectativa, na medida em que não corresponde ao que esperaríamos em uma divulgação científica?

→ Ao disseminar informações sobre vantagens e benefícios de se praticar dança de salão, percebe-se que ações automatizadas como dança de salão exigem muito de nosso cérebro. Ou esperávamos outra coisa?

- Afinal, o que nos fica dessa leitura do ponto de vista da neurociência?

Com essa pergunta, as manifestações dos alunos podem ser sistematizadas pelo professor para uma concepção sobre neurociência, o que também pode ser construído em parceria com professores de outras áreas.

Sugestão 3:

- A mensagem do texto nos comunica algo banal, científico, humorístico, instrutivo ou algo particular da autora?

→ A natureza utilitária da informação ou do conteúdo do texto que é divulgar, informar ao grande público leigo, também serve para partilhar experiência, formar opinião sobre as vantagens e benefícios da prática da dança de salão.

- O texto vem redigido em linguagem clara, compreensível?

→ O emprego de uma linguagem mais informal e concisa para a autora relatar sua própria experiência em relação à dança de salão é intencional, pois estabelece maior proximidade com o leitor. Por ser especialista no assunto, o uso mais distenso da linguagem, sem subestimar o leitor, facilita a função de instruí-lo sobre o assunto do texto.

- O texto tem um caráter claramente argumentativo?

→ O leitor mais ingênuo até pode se confundir e descartar a ideia de que o texto também tem caráter argumentativo. Para que isso não aconteça, temos de evidenciar que o projeto de dizer da autora é construído em torno de uma dada intencionalidade e, portanto, procedimentos argumentativos são empregados para sustentar o ponto de vista defendido – praticar a dança de salão de modo a "treinar" o cérebro.

- Que marcas linguísticas identificamos no texto como tipicamente argumentativas?

→ Entre tais marcas, destacamos algumas:

- O uso da primeira pessoa do singular para enunciar a própria experiência confere à voz da cientista, como argumento de autoridade, um tom de maior proximidade. O emprego de um léxico mais coloquial e as escolhas de palavras familiares aos leitores constituem-se como procedimentos argumentativos para associar o assunto a algo presente no cotidiano das pessoas em geral, e transportar o leitor para dentro do assunto.

- Para justificar sua aventura pelas aulas de dança de salão, a autora, com certa irreverência, faz uso de um neologismo, seguido de uma interjeição – "Neurocientificamente, claro". O advérbio criado assinala o modo com o qual serão tratadas as aulas de dança, e a interjeição "claro" reforça com ironia que, sem dúvida, será conferido esse tratamento científico.

- O uso da expressão "prato feito", em sentido figurado, para enunciar a situação favorável para uma neurocientista escrever sobre assunto de sua área.

- A voz da cientista, como argumento de autoridade, aparece para dar sustentação e credibilidade ao discurso, com a utilização de termos de especialidade, também denominados termos técnicos, ainda que sempre associados a formas que "traduzam" as funções das camadas cerebrais. Daí a menção a áreas do cérebro sobre as quais, embora não saibamos de pronto onde ficam e qual seu papel, conseguimos entender as informações apresentadas pela autora. Também termos como planejamento, etapas, erros e acertos são familiares na linguagem científica.

- Metonimicamente, a autora faz alusão a ritmos originários de outras culturas, como, por exemplo, "sombreros" e "coca-colas": sombreiros, chapéus de abas largas típicos do México; coca-cola, o refrigerante mais tipicamente representativo dos Estrados Unidos.

- Outra estratégia para simplificar nosso entendimento do que se passa no processamento cognitivo quando dançamos é a prosopopeia, figura pela qual a neurocientista empresta características humanas a algo inanimado: "Meu cérebro aprendeu a dançar salsa!".

- A modalização como marca com que a autora assinala alguma reserva pela noção de possibilidade instaurada, quando do uso do adjetivo: "Dançando, é possível manter saudável a resposta do cérebro ao estresse...".

- O emprego recorrente do presente do indicativo (presente gnômico ou omnitemporal), como outro mecanismo de construção do sentido, para indicar fatos atemporais, verdades indiscutíveis, definições científicas.

- A exemplificação costuma ser um ótimo recurso argumentativo. Nesse texto, não há propriamente exemplos, pois se trata de um relato de experiência pessoal que, em si mesmo, representa um exemplo e ganha caráter argumentativo.

PARA FINALIZAR...

Seja qual for a finalidade da leitura, evidencia-se a participação do leitor na construção de sentido de todo texto. No entanto, não podemos deixar de assinalar que o texto escrito, em geral, tem alto grau de persuasão. E esse poder não decorre só de sua força argumentativa, mas, sobretudo, do simples fato de estar escrito.

Não é incomum o leitor se culpar por não ter compreendido o que leu, antes mesmo de averiguar se a dificuldade teria decorrido do próprio texto, ou das condições em que se deu a leitura. Diante da quantidade de informações que nos atinge, importa repensarmos sobre conceitos e procedimentos de leitura. A informação antes basicamente em decorrência da educação formal, hoje também nos chega por meios informais, pelas mídias, de forma permanente, desordenada, aleatória. E a leitura se faz presente de forma intensa, embora muita informação fique num nível apenas de superficialidade, sem condições para gerar conhecimentos.

Bem por isso, a leitura, como processo de significação, seja no contexto escolar, seja na vida profissional, se impõe como meio de atualização de professores e alunos, o que exige de nós, profissionais da linguagem, preparo específico para formar pessoas aptas para ler os mais diversos gêneros de texto em circulação.

REFERÊNCIAS

GERALDI, João Wanderley. (org.). **O texto na sala de aula**. São Paulo: Ática, 1997.

GRICE, H. Paul (1967). Lógica e conversação. Trad. de João Wanderley Geraldi. In: DASCAL, Marcelo (org.) **Pragmática**. Problemas, críticas, perspectivas da lingüística. v. 4. Campinas: Produção Independente, 1982, p. 81-103.

KATO, Mary A. Uma visão interativa da legibilidade. **Ilha do Desterro**, n.13, 1º semestre, 1985. Florianópolis: Editora da UFSC, p.57-66.

PETIT, Michèle. **Os jovens e a leitura**. Trad. de Celina Olga de Souza. São Paulo: Editora 34, 2008.

SMITH, Frank. **Compreendendo da leitura**. Trad. de Daise Batista, 3. ed. Porto Alegre: Artes Médicas, 1989.

SUGESTÕES DE LEITURA

PENNAC, Daniel. **Como um romance**. Trad. de Leny Werneck, 2. ed. Rio de Janeiro: Rocco, 1995.

PETIT, Michèle. **Os jovens e a leitura**. Uma nova perspectiva. Trad. de Celina Olga de Souza. São Paulo: Editora 34, 2008.

SMITH, Frank. **Compreendendo da leitura**. Trad. De Daise Batista, 3. ed. Porto Alegre: Artes Médicas, 1989.

2

Funções sociais da leitura

2.1. PARA QUE SERVE A LEITURA

Ter preparo específico para formar pessoas aptas para ler gêneros textuais de diferentes naturezas requer levar em conta que o estudante já lê determinados gêneros, em especial os que usa mais frequentemente, como, por exemplo, os que circulam em redes sociais, mas manifesta dificuldade específica para com os textos mais complexos.

Com base em modelos e teorias sociointeracionistas, um fator que muito contribui para os alunos do ensino básico lerem com mais facilidade os textos que intermedeiam suas relações sociais advém do fato de saberem para que serve o texto que leem (e que escrevem).

> Modelos e teorias sociointeracionistas: são modelos teóricos nos quais o foco é ancorado numa dimensão social e tem a língua escrita como um objeto cultural com funções sociais diversas materializadas em textos com proficiência.

Assim, como nem sempre nossos alunos estão afeitos ao ato de ler por não nutrirem o hábito e sequer o prazer de ler, um bom início para trabalharmos a leitura é mostrar para que ela serve. Em outras palavras: esclarecer sobre as funções sociais da leitura pode ser um produtivo ponto de partida para evidenciar a língua em uso, consubstanciada em gêneros como formas textuais de uso efetivo na vida em sociedade.

Bem por isso, concebe-se gênero textual como realização linguística concreta, definida por propriedades sociocomunicativas. Trata-se do texto empiricamente realizado que cumpre funções em situações comunicativas, organizado para dar conta das intenções comunicativas de seu produtor. Por estarem ligados à vida em sociedade, todos gêneros de texto são produzidos para determinada sociedade e dentro dela.

2.2. POR QUE LER É IMPORTANTE?

É provável que a leitura possa chegar a modificar a vida das pessoas. Se não é um remédio para todos os males, também não é algo insignificante, seja tomada como lazer ou instrução.

O esforço de vários movimentos sociais no sentido de formar cidadãos leitores funda-se no fato de que a fraca atividade de leitura entre pessoas supostamente alfabetizadas tem contribuído para torná-las mais frágeis, mais suscetíveis a engodos.

A experiência tem mostrado que, de várias maneiras, a leitura pode contribuir para melhorar a vida das pessoas. Num espectro plural, dizemos que ela é um meio indiscutível para se ter acesso ao saber, contribuindo para dar sentido à vida escolar, social e profissional. Mas também é um meio de transportar o leitor para outros mundos, de aguçar sua imaginação.

Michèle Petit: pesquisadora que trabalhou junto a jovens leitores de bairros marginalizados da periferia das grandes cidades francesas. Autora de Os jovens e a leitura e A arte de ler.

Michèle Petit (2008) mostra, em sua pesquisa, que a leitura pode ajudar jovens em situação de marginalização e de risco, a sonhar, a imaginar novas possibilidades, a dar sentido para suas vidas.

E sob esse aspecto nossa escola também pode fazer um trabalho importante, embora não seja fácil. Pode desenvolver atividades em que haja relatos de leituras entre os alunos, circulação de livros entre estudantes da mesma sala e/ou de outras salas, descoberta de textos que atendam a necessidades dos jovens leitores.

Quando dizemos que o leitor constrói sentido para o que lê, estamos certos de que, ao se apropriar do texto, assume seu significado, interpretando-o à sua maneira, a partir de sua teoria de mundo, sendo mesmo possível a introdução de seus desejos, de sua forma de ver a vida, como resultado da complexa alquimia da recepção.

Sabemos que, como professores, somos impotentes para controlar o modo como um texto é lido, compreendido e interpretado pelos nossos alunos. Numa imagem feliz, Certeau (2007, p. 269-270) metaforiza:

> [...]os leitores são viajantes; circulam nas terras alheias; nômades caçando por conta própria através dos campos que não escreveram ...

Mas somos potentes para sugerir títulos que levem os alunos a preencher necessidades, anseios, curiosidades, descobertas, sonhos...

Diversamente da escrita, que acumula e resiste ao tempo, a leitura não conta com nenhuma proteção contra o tempo. Se nos esquecemos de nós mesmos ao ler, também nos esquecemos do que lemos, uma vez que ou não nos lembramos, ou nos lembramos apenas parcialmente do que lemos.

Mas, ainda assim, a leitura propicia ao leitor sair de seu tempo e de seu espaço. Se é natural que na atividade de leitura ele "reescreva" o texto a sua maneira, é quase impossível que não saia transformado, que não haja uma reconstrução de si mesmo.

É sabido, como disse um dos estudantes da pesquisa francesa, que

> a leitura não fará de nós escritores, mas ela pode, por um mecanismo parecido, nos tornar mais aptos a enunciar nossas próprias palavras, nosso próprio texto, e a ser mais autores de nossas vidas (Petit, 2008, p. 37).

E, como é relevante trabalhar a leitura esclarecendo de início sobre suas funções sociais, vamos responder:

2.3. LER PARA QUÊ?

As funções sociais da leitura estão estritamente ligadas ao gênero textual em circulação em diferentes domínios discursivos. E nosso trabalho é o de conscientizar o aluno, por meio do contato com textos autênticos, sobre as funções que desempenham em tais domínios.

Domínio discursivo: lugar social de onde provém um agrupamento de gêneros textuais tipicamente próprios desse âmbito ou esfera de atividade humana. No domínio discursivo jornalístico, por exemplo, há a notícia, a reportagem, o editorial, entre outros tantos gêneros; no publicitário, há a propaganda institucional, a publicidade comercial, as peças publicitárias de um modo geral; no acadêmico, há a monografia (TCC), a redação escolar, o artigo científico, a prova...

Para que lemos? Lemos para obter informações, resolver problemas práticos do dia a dia, satisfazer curiosidades, passar o tempo, ter momentos de lazer, coletar argumentos...

Esses e tantos outros objetivos podem ser agrupados em dois grandes blocos:

- um, que diz respeito a uma função "utilitária" da leitura – produzida mais especificamente na escola;

- outro, que se refere a uma função "desinteressada", ou sem interesse diretamente prático, não necessariamente produzida na escola, mais próximo daquilo que as pessoas leem mais por prazer do que por necessidade.

Mas também temos de considerar que lemos nossos próprios textos. Ou seja: além da leitura de textos produzidos por outrem, lemos textos produzidos por nós mesmos. Quando lemos um texto de outra pessoa e buscamos construir o sentido – a leitura de um modo geral–, o propósito é relativamente diferente do procedimento de quando (re)lemos nosso próprio texto em busca de inadequações e erros. Essa leitura para revisar o texto, para ajustá-lo aos propósitos comunicativos a que intencionamos, se dá tanto em relação ao que escrevemos como ao escrito por outra pessoa. Em ambos os casos, em geral acontece para ajustar o texto ao contexto em que será lido, considerando situação, perfil do(s) leitor(es), objetivos do texto etc. Considerar os usos no que se refere à vida em sociedade implica recuperar as posturas possíveis em termos de vivências de leitura apontadas por Geraldi (1995; 1996; 1997).

A LEITURA – BUSCA DE INFORMAÇÕES

A característica básica é o objetivo do leitor: obter alguma informação do texto, não importa se para uso imediato ou posterior. O texto lido tanto pode responder às necessidades do momento como provocar outras necessidades.

A *leitura – busca de informações* pode perfeitamente acontecer com outros textos além dos previsíveis gêneros do jornalismo informativo ou textos do universo acadêmico-científico, por exemplo. O texto literário também propicia essa forma de interlocução. Por exemplo: da leitura de um romance podemos extrair informações quanto ao ambiente da época, à forma como as pessoas, por meio das personagens, encaravam a vida etc.

A LEITURA – ESTUDO DO TEXTO

Esta forma de interlocução ocorre quando é possível retirar do texto tudo o que ele possa oferecer para sabermos mais, o que pode fazer do aluno um "perguntador". Reside aqui o problema da alienação e massificação, no caso, quanto à possibilidade de as respostas encontradas serem consideradas definitivas pelos alunos, levando-os a não produzirem novas perguntas.

Não raras vezes, a *leitura – estudo do texto* é mais praticada em aulas de outras disciplinas, ainda que as aulas de português é que devessem desenvolver variadas formas de interlocução leitor/

texto/autor. Mas nada impede que essa forma de interlocução se dê também com a obra de ficção, como é o caso do exemplo de *leitura – estudo da obra de ficção*, em que os autores, Ariel Dorfman e Armand Mattelart, estudam em "Para ler o Pato Donald" os aspectos ideológicos do mundo imaginário de Walt Disney (Geraldi, 1997).

A LEITURA DO TEXTO – PRETEXTO

O texto pode ser pretexto, sim, nas aulas de português, quando, por exemplo, usamos da leitura para a produção de novos textos, com reflexões sobre a maneira como o autor organizou o que tinha a dizer. O risco que há aqui diz respeito à possibilidade de somente o professor expor e discutir a sintaxe dos enunciados do texto em análise, excluindo o aluno dessa discussão, ao apresentar a sintaxe como um conjunto de mecanismos já prontos e imutáveis. Não há razão plausível para que um texto não possa ser pretexto para dramatizações, desenhos, produção de outros textos.

Talvez seja costumeiro banir a *leitura do texto– pretexto* das reflexões sobre o ensino e a aprendizagem, pois o despreparo para lidar com leitura, em sala de aula, gerou equívocos no trabalho, ao priorizar aspectos meramente gramaticais, destituindo da reflexão o que aquele dado aspecto gramatical desencadeia, como efeito de sentido, naquele texto. Esse trabalho com gramática descontextualizada é que pode ter gerado o fantasma do trabalho com a gramática nos textos. Se usarmos uma tira para apenas trabalhar algum tipo de perspectiva metalinguística, por exemplo, "circule os adjetivos presentes na história", deixando de lado o efeito de sentido gerado pela escolha do autor por aquele adjetivo e/ou o efeito de humor desencadeado justamente por essa escolha, estaremos apenas acentuando a problemática.

A LEITURA – FRUIÇÃO DO TEXTO

Essa forma de interlocução entre leitor e texto diz respeito à leitura de literatura como prazer/fruição para o leitor. Trata-se de uma leitura formativa, que traz a experiência estética da leitura do imaginário. O sujeito incorpora como experiência de vida aquilo que o texto contém, de modo que a fruição propicie um prazer que signifique um marco na história de vida do leitor. Aqui, lê-se por ler, gratuitamente. Isso implica que o leitor vai ao texto sem perguntas elaboradas premeditadamente, sem intenção de usá-lo para outros fins que não o do prazer pelo prazer de ler.

Fruição:
refere-se ao ato de desfrutar prazerosamente a leitura.

Uma relação prazerosa com a literatura leva o leitor ao mundo da fantasia, do sonho, da imaginação.

Um mito que costuma ser cultivado é o de que somente o texto literário é propício à *leitura– fruição do texto*. Para alguns, ler o caderno de esportes de um jornal é um prazer de que dificilmente abrem mão.

Também prazerosa para outros, mas diferente daquela que busca informações, é a leitura de notícias simplesmente pelo fato de estar em dia com o que acontece no mundo.

Pensando o papel da escola em relação ao ensino de leitura – propiciar ao estudante que ele se torne um leitor de todos os gêneros de texto –, associar essas vivências de leitura à função da escola, nos encaminha para a reflexão de que ensinar a ler é muito mais do que trabalhar a leitura em sua função mais básica – a informativa. Eis por que precisamos trabalhar diferentes gêneros, contemplando perspectivas de natureza informativa, pragmática, prazerosa, enfim, textos que nos remetam a situações da vida de verdade, mas também a situações fictícias.

Para obter informações, para receber instruções, para obter conhecimentos e/ou aprofundá-los, para passar o tempo... Lemos por prazer, por gosto, para estabelecer comunicação com outrem, para melhor compreender o meio em que vivemos, para encontrar, à distância, com quem trocar ideias sobre tudo aquilo que pensamos do mundo exterior, e por aí afora. Nesse sentido, a leitura tem uma função, ao mesmo tempo, social e individual, e o desempenho de cada leitor se apresenta de forma peculiar, porque recorre ao seu próprio repertório e, ao longo de sua história de leitor, já desenvolveu algumas estratégias facilitadoras que o vão distinguindo de outros leitores.

A escola não costuma ter em consideração essas particularidades e vem tratando a leitura e o leitor como "entidades" padronizadas, o que pode levar a crer que os propósitos de leitura são traçados previamente apenas pelo professor ou pela instituição.

No quadro a seguir, apresentamos exemplos de gêneros, suas respectivas funções sociais e os motivos pelos quais a maioria das pessoas os lê:

Gênero textual	Função social	Por que ler possíveis motivos
Manual de instalação [de um aparelho de som, por exemplo]	Orientar o consumidor sobre o que deve ser feito para instalação do aparelho	Para poder ouvir músicas, sem danificar o aparelho
Tira	Divertir, entreter	Ler pelo prazer de ler, usufruir momentos de lazer
Torpedo Mensagem eletrônica	Estabelecer comunicação com alguém	Encontrar virtualmente com quem não é possível estar presencialmente
Bula de remédio	Informar sobre a composição, utilidade, posologias e as contraindicações do medicamento	Por curiosidade, para entender melhor a moléstia, para tomar o remédio de acordo com a prescrição...
Rótulo de produto alimentício	Informar sobre as características da composição do alimento	Para saber quantas calorias tem o produto, se há algo que faça mal...
Notícia	Informar sobre fatos do cotidiano	Para ficar a par do que acontece na cidade, no estado, no país, no mundo...
Resenha de livro	Analisar criticamente uma obra	Para avaliar se vale a pena ler o livro

Ainda que a toda leitura preceda uma intenção que o próprio sujeito-leitor manifesta ao ler, como forma de lazer ou como decorrência de quaisquer outras razões, não vamos descartar o que podemos chamar de "leitura involuntária": mesmo cansados de ler o tempo todo no trabalho, por exemplo, lemos involuntariamente textos com que nos deparamos na rua, no ônibus, nos rótulos dos produtos alimentícios durante nossas refeições. Mesmo quem não gosta muito de ler e até chega a evitar tudo que envolva leitura acaba lendo "sem querer" textos com os quais se defronta.

Também não podemos nos esquecer de que a leitura motivadora não pode ser aquela que se faz para fazer prova. Na escola, a leitura do professor costuma ser tida como um parâmetro indiscutível, porque é legitimada por essa mesma autoridade pedagógica. A leitura do professor é a leitura de um leitor que propõe uma leitura em meio à pluralidade de leituras de um dado texto. Assim seria mais fácil explicar ao aluno o porquê de uma dada leitura não responder a um dado objetivo quando previamente traçado.

Para exemplificar mais detalhadamente, retomamos o último gênero apresentado com suas funções sociais e os possíveis motivos que levam as pessoas a lerem. Com base em proposta de operacionalização dos conteúdos relativos aos gêneros, o quadro a seguir (Passarelli, 2008, p.233) organiza aspectos inerentes ao conjunto de elementos constitutivos dos gêneros, apresentando como considerá-los num texto do domínio discursivo jornalístico.

Gênero textual: resenha	
Suporte: Jornal *Folha de S. Paulo*, Caderno Mais! Em 14.11.2004	
Veiculação: situação comunicativa pública	
Função social: propósitos comunicativos de formar opinião (função utilitária) sobre a validade da leitura do livro	
Natureza da informação ou conteúdo: análise crítica e fundamentada para mostrar os prós e os contras sobre a leitura de "Um texto pra chamar de seu", um manual para auxiliar a escrever textos acadêmicos.	
Tipo textual em predominância: argumentativo.	
Relação entre participantes da situação comunicativa de ausência, leitor preconcebido em função do suporte.	
Nível de linguagem: predominância do registro formal.	

"Um Texto pra Chamar de Seu" busca orientar a escrita de trabalhos acadêmicos, mas às vezes cai em contradição

Manual para as elites

Adriano Schwartz
especial para a Folha

Não é sem um certo ceticismo que um resenhista precavido se dispõe a analisar um livro como "Um Texto pra Chamar de Seu - Preliminares sobre a Produção do Texto Acadêmico", de Claudia Perrotta. Trata-se de uma espécie de manual para quem deseja escrever uma dissertação de mestrado ou uma tese de doutorado.

Quem já passou pela experiência de ler dissertações ou teses sabe que a tarefa não é fácil: são de fato muitas vezes mal-escritas, carecem de seqüenciamento lógico, repetem ou misturam idéias. Ou seja, precisariam mesmo ser feitas com maiores cuidados e revisões. O difícil de aceitar é que um estudioso chegue tão longe no percurso acadêmico, passando por uma infinidade de cursos na graduação e na pós-graduação, com tais problemas. Infelizmente, isso acontece. E isso justifica, portanto, a existência da obra —aliás, não é por outra razão que "Como Se Faz uma Tese" (ed. Perspectiva), de Umberto Eco, é quase um best-seller há tantos anos.

A posição do narrador A boa surpresa é que o texto de Claudia Perrotta traz dicas úteis. A autora é fonoaudióloga e assessora, desde 1992, de pessoas com dificuldades na escrita de trabalhos acadêmicos. Ela discute desde a questão do ineditismo e da seleção de material para análise até a posição que o narrador deve assumir e os diferentes modos de lidar com os membros da banca de avaliação.

Se, por brincadeira, no entanto, o resenhista resolvesse fingir por um momento que "Um Texto pra Chamar de Seu" é uma tese e assumisse a função que a autora exerce há tanto tempo, ele diria para ela tomar cuidado com as citações de segunda mão: é academicamente mais adequado ir direto à fonte, além de mais elegante. Mas diria sobretudo para refletir bem sobre as idéias que reproduz sem questionamento: "Parecendo artifício, o discurso é ineficaz. O artifício é a ruína da arte, é a figura que não dá certo, é o estratagema que dissuade precisamente por ser percebido como tal". A citação acima, que a autora retira de

um estudo sobre retórica, nem seria tão importante para o raciocínio que ela desenvolve nesse trecho do livro, sobre a "arte da dissertação". Ao incorporá-la, porém, ela desvaloriza a sua obra, pois afirma que o "artifício é a ruína da arte" significa, por exemplo, descartar uma parcela considerável da produção artística mais relevante do século 20.

Barthes Se ela permitisse ainda uma longa citação para retribuir à dela, muito provavelmente a escolhida seria a do início de um texto não por acaso chamado "Escrever", do crítico francês Roland Barthes, que faz parte de uma coletânea de ensaios que também acaba de ser lançada ("Inéditos, Volume 1 - Teoria", editora Martins Fontes): "Muitas vezes me perguntei por que gosto de escrever (à mão, claro), a tal ponto que em muitas ocasiões o esforço tantas vezes ingrato do trabalho intelectual é resgatado, a meu ver, pelo prazer de ter diante de mim (assim como a mesa do artesão) uma bela folha de papel e uma boa caneta: ao mesmo tempo que reflito no que devo escrever (é o que acontece neste exato momento), sinto minha mão agir, virar, ligar, mergulhar, levantar-se e freqüentemente, no ato das correções, rasurar ou estilhaçar a linha, aumentar o espaço até a margem, construindo assim, a partir de traços miúdos e aparentemente funcionais (as letras), um espaço que é simplesmente o espaço da arte: sou artista, não no sentido de figurar um objeto, porém mais fundamentalmente porque na escrita meu corpo goza ao traçar, incisar ritmicamente uma superfície virgem (sendo o virgem o infinitamente possível)".

Adriano Schwartz é doutor em teoria literária pela USP e autor de "O Abismo Invertido - Pessoa, Borges e a Inquietude do Romance em 'O Ano da Morte de Ricardo Reis'" (ed. Globo).

Um Texto pra Chamar de Seu
180 págs., R$ 27,50

de Claudia Perrotta. Ed. Martins Fontes (r. Conselheiro Ramalho, 330, CEP 01325-000, São Paulo, SP, tel. 0/xx/11/3241-3677).

Fonte: FOLHAPRESS.

Mais uma vez, recorremos ao procedimento de apresentar sugestões sobre o que nos leva a ler esse tipo de texto, não descartando, é claro, outras finalidades que o professor pode estabelecer para seus alunos.

Sugestão 1:

Curiosidade – diante da chamada que antecede o título, o sujeito-leitor já pode querer saber que tipo de contradição seria essa a que o autor se refere. A curiosidade também pode ser incitada pelo professor ao indagar quanto ao que o autor do texto considera como elite e por que alguém escreveria um manual para esse nicho da sociedade.

Sugestão 2:

Interesse pessoal – o tema tem a ver com o momento em que nos encontramos em que tanto se fala em manuais e elites. Há manuais para tudo hoje em dia – dos mais comuns, como os que orientam um usuário a lidar com um produto adquirido, passando pelos que orientam a como devemos nos comportar nas mais inusitadas situações cotidianas, além dos manuais de procedimentos de como escrever este ou aquele texto, como o do caso em tela. Centrando mais nessa última perspectiva, é pertinente aprofundar um bocadinho mais em relação às características de uma resenha.

Sugestão 3:

Trabalho com competências linguageiras.

Como o propósito comunicativo do gênero resenha é o de apresentar um panorama crítico sobre o livro e, por meio de determinados usos linguísticos, formar opinião dos leitores, alguns recursos são mais relevantes do que outros.

Sugestão 1:

• Para que serve a frase que vem antes do título, por isso mesmo também chamada de antetítulo?

→ No domínio discursivo jornalístico, quando há uma palavra ou frase que precede o título, a função é a de introduzi-lo, indicar o assunto, enfim, oferecer alguma pista para atrair o interesse do leitor. Também conhecido por olho, esse pequeno texto de chamada para a matéria principal geralmente é diagramado em destaque.

• Qual escolha linguística contribui para identificar o gênero textual?

→ Caso os alunos ainda não tenham em seu repertório sobre gêneros informações suficientes para considerar que se trata de uma resenha, o professor pode dar relevo a como o autor se autodenomina logo no primeiro parágrafo: "Não é sem um certo ceticismo que um resenhista precavido se dispõe a analisar um livro [...]". Observe-se também que nesse pequenino trecho já obtemos uma informação substancial sobre o gênero em tela, que é o da análise.

• Mais especificamente, qual a função social do gênero resenha?

→ Para expandir um pouco mais o enfoque sobre a função social desse gênero, pode-se partir da perspectiva de ser um gênero opinativo da esfera jornalística, que pressupõe autoria definida, sem angulagem temporal, pois a resenha, apesar de ser frequente, trata de assuntos de bens culturais e valores diferenciados. Além da autoria explicitada, a competência dos autores para falar sobre o tema é algo sintomático, por conta da inerente análise crítica de assuntos culturais, tais como peças teatrais, discos, livros etc.

•O que nos permite afirmar tratar-se de autor cuja competência possa ser inquestionável?

→ As informações constantes ao final da resenha revelam tratar-se de alguém de peso dentro do ambiente acadêmico, outro ponto importante para sustentar com credibilidade a crítica.

Sugestão 2:
•Trata-se de um texto deliberadamente argumentativo, escrito para alguém que possui autoridade para tecer críticas, mas, ainda assim, o resenhista retoma outras fontes para opinar sobre a obra resenhada. Por quê?

→ Esta é outra característica do gênero: a crítica tem de ser baseada em opiniões de pessoas da área, cujo reconhecido saber reitere e sustente o dizer do resenhista, além de estarem perfeitamente documentadas todas essas fontes. Repare-se que as obras mencionadas estão explicitamente referidas. Os dois autores, Umberto Eco e Roland Barthes [ver ao final], aliás, duas feras nos estudos da linguagem, se configuram, portanto, em dois argumentos de autoridade.

Apesar de ser uma resenha voltada a um público não necessariamente acadêmico, o texto de Schwartz conserva peculiaridades das resenhas acadêmicas, como essa, apresenta o texto, definindo sobre o tópico geral do livro, informa sobre o possível leitor, sobre a autora, tece algumas generalizações sobre o livro e em que área ele se insere. Algumas partes do texto são destacadas e sofrem uma avaliação mais específica, preparando para uma recomendação, desqualificação, ou uma recomendação, apesar de alguns óbices.

SUGESTÃO 3:

Eis uma pergunta para monitorar a tarefa de focar alguns procedimentos linguísticos com os quais Schwartz constrói sua resenha em função da tipologia predominantemente argumentativa do texto:

• De que expedientes o autor da resenha se vale para definir o tópico geral do livro e, ao mesmo tempo, já pontificar seu ponto de vista sobre ele?

→ Para manifestar sua opinião sobre o livro, Schwartz seleciona palavras e suas combinações em consonância com suas intenções, deixando marcas linguísticas de sua presença de modo mais ou menos explícito. Essas marcas de subjetividade podem se instaurar por diferentes recursos, mas aqui vamos nos ater às escolhas lexicais e às sintáticas.

Escolhas lexicais:

Nas escolhas lexicais, incluem-se substantivos, adjetivos, verbos, advérbios usados de modo a demarcar sentidos não explícitos que podem ser recuperados pelo sujeito-leitor menos ingênuo.

No antetítulo, ao descrever a que se propõe o livro resenhado, o autor afirma que "'Um texto pra chamar de seu' busca orientar a escrita de trabalhos acadêmicos, mas às vezes cai em contradição". Busca orientar equivale a orientar? A inclusão do verbo buscar denota que a proposta principal do livro parece não se concretizar, o que é reafirmado pela continuidade do enunciado – ainda que busque, o substantivo "contradição" conota um desvio aos propósitos do livro.

A própria forma com a qual o autor se apresenta– um resenhista precavido – que, com certo ceticismo, se dispõe a dar conta de sua tarefa, também prepara o leitor sobre o tipo de enfoque que será dado. Por que precauções? Toma precaução quem precisa de "medida antecipada que visa prevenir um mal", segundo o Dicionário Houaiss (2009). O leitor que é capaz de responder sobre o porquê dessa precaução é aquele que sabe ler além das linhas ao se deparar com o adjetivo "precavido".

Quanto às escolhas sintáticas, tomemos este trecho para analisar algumas intercalações:

Se, por brincadeira, no entanto, o resenhista resolvesse fingir por um momento que "Um texto pra chamar de seu" é uma tese e assumisse a função que a autora exerce há tanto tempo, ele diria para ela tomar cuidado com as citações de segunda mão: é academicamente mais adequado ir direto à fonte, além de mais elegante.

A atenuação dada ao discurso com a intercalação – por brincadeira – logo no início é um recurso para que essa pretensa simulação seja abrandada. Via de regra, uma brincadeira é algo de pouca seriedade. Brincar e fingir não são ações recomendadas para o contexto acadêmico. Portanto, a crítica ao texto da autora fica resguardada por um quê irreverente.

Logo após essa intercalação, outra que reforça o cuidado com que Schwartz tece suas críticas, é o emprego de "no entanto", elemento conector que designa restrição, adversidade, oposição.

Esse elemento interliga a ideia do parágrafo anterior – como lidar com os membros da banca de avaliação – e a proposta ironicamente irreverente de Schwartz de avaliar quem escreve um manual voltado à elaboração de textos acadêmicos. A inclusão do conector após a menção à brincadeira confere um tom de ressalva, de advertência, pois, ainda que numa espécie de simulação, o autor da resenha acaba avaliando o trabalho da autora do manual.

• Se você já estivesse em fase de elaboração de textos acadêmicos, depois da leitura da resenha de Schwartz, o que você faria?

→ Claro que essa resposta é bastante pessoal, mas o professor pode orientar seus alunos a usarem as ideias da resenha como base para lerem (ou não) o livro. Um aspecto a ser destacado para essa resposta é a estratégia de Schwartz de se valer de dois grandes autores da área para sustentar suas críticas sobre o livro, especialmente o clássico de Umberto Eco que, com sucesso, há tempos vem orientando na confecção de trabalhos acadêmicos.

PARA FINALIZAR...

Pensar as funções sociais da leitura é uma boa estratégia para os alunos estabelecerem uma real conexão entre o que se faz na escola com o que se vive fora dela.

Mas esse tipo de olhar depende de um conhecimento substancial sobre gêneros de um modo geral e, de um modo bastante especial, sobre o gênero com o qual estamos trabalhando, qualquer que seja ele.

No exemplo acima, o professor precisa ter domínio sobre as especificidades do gênero resenha para atuar com segurança e dar competentemente sua contribuição no que se refere ao desenvolvimento da competência leitora de seus alunos.

Atividades com outros gêneros que integram o jornalismo opinativo, como os que analisam criticamente peças de teatro, discos, exposições de obras de arte entre outras resenhas que circulam na vida em sociedade também podem constituir mais uma contribuição para formarmos leitores menos ingênuos.

REFERÊNCIAS

CERTEAU, M. de. **A invenção do cotidiano**. 1. As artes de fazer. Trad. de Ephraim Ferreira Alves, 13. ed. Petrópolis: Vozes, 2007.

GERALDI, João Wanderley. (org.). **O texto na sala de aula**. São Paulo: Ática, 1997.

_____. **Linguagem e ensino**. Campinas: Mercado de Letras, 1996.

_____. **Portos de passagem**. 4. ed. São Paulo: Martins Fontes, 1995.

HOUAISS, Antonio. **Dicionário eletrônico Houaiss da língua portuguesa**. Rio de Janeiro: Objetiva. Versão 1.0. [CD-ROM] 2009.

PASSARELLI, Lílian Ghiuro. Da formação inicial à formação continuada: reflexões a partir da experiência da PUCSP. In: GIL, Glória; VIEIRA-ABRAHÃO, Maria Helena (orgs.). **Educação de professores de línguas** – os desafios do formador, v. 1. Campinas, SP: Pontes, 2008, p. 219-237.

PETIT, Michèle. **Os jovens e a leitura**. Trad. de Celina Olga de Souza. São Paulo: Editora 34, 2008.

SCHWARTZ, Adriano. Manual para as elites. **Folha de S. Paulo**. São Paulo, 14 nov. 2004. Caderno Mais.

SUGESTÕES DE LEITURA

BAJARD, Élie. **Da escuta de textos à leitura**. São Paulo: Cortez, 2007.

FULGÊNCIO, Lúcia; LIBERATO, Yara. **Como facilitar a leitura**. São Paulo: Contexto, 1992.

PETIT, Michèle. **Os jovens e a leitura**. Trad. de Celina Olga de Souza. São Paulo: Editora 34, 2008.

3

Intertextualidade e estratégias de leitura

3.1. PRELIMINARES

Não é exagero dizer que parte do problema com leitura, na escola, está relacionado a um ensino reprodutor, do qual, grande parte da população tem sido vítima, já que ele persiste no Brasil há muitos anos. Na prática reprodutora não há espaço para o estudante criar, inventar, dizer o que pensa. O espaço para pensar costuma ser tão diminuto que a leitura de um livro frequentemente acaba atrelada à compreensão ou interpretação que o professor lhe dá.

Mas é preciso dizer que, também, o professor sente-se preso a práticas reprodutoras, em consequência do sistema vigente. E, nesse contexto, convém destacar que pleitear um ensino diferente para a leitura não significa deixar o leitor livre para ler como quiser.

Um trabalho bem conduzido prevê leituras "certas", em contraponto a leituras "erradas", aqui vistas sob a ótica de Possenti:

> *Explicar a leitura do leitor— por que um leitor leu o que leu — é uma questão absolutamente legítima, algo que, aliás, pode ser feito compativelmente com explicar leituras com base no texto. Isto é, ao se discutir por que alguém leu um texto como leu, uma das possibilidades a ser contemplada é que se*

> *conclua que o leitor pode ter manobrado mal. Pode-se explicar que tenha lido o que leu, sem que se tenha de concordar com a leitura (POSSENTI, 1999, p. 172).*

O autor lembra ainda que cabe ao professor leitor proficiente demonstrar, por meio de índices textuais, a razão de uma leitura poder ser tomada como certa ou errada.

Neste capítulo, são destacados dois aspectos que podem ajudar na condução de leituras "certas": a intertextualidade e as estratégias de leitura.

3.2. INTERTEXTUALIDADE

Proficiente: professor leitor competente que domina a teoria da leitura, a ponto de poder formar leitores; aluno capaz de ler nas entrelinhas, relacionar o que lê com o que sabe para apropriar-se das informações com autonomia.

Sendo a intertextualidade um procedimento natural na construção de textos, já que todo texto é tributário de textos que o antecederam, alertar o leitor em formação para ela pode ser uma alternativa interessante na formação de leitores proficientes.

Como conta Vigner (1988, p. 32), Roland Barthes ao falar sobre intertexto diz que "Todo texto é um intertexto" e isso porque "outros textos estão presentes nele, em diversos níveis, sob formas mais ou menos reconhecíveis". Isso significa que todo texto é fruto de leituras e reflexões a partir de textos orais ou escritos anteriores a ele e que nele permanecem por meio de marcas explícitas ou implícitas. Daí se dizer que o intertexto corresponde ao diálogo entre textos, presentes num mesmo texto e caracteriza-se por ser uma escritura na qual se lê o outro.

Assim, por um lado, a palavra atua como mediadora entre o texto e o ambiente histórico-cultural, inter-relacionando os sujeitos (produtor e leitor), num dado contexto situacional; por outro, o diálogo intertextual marca a escritura do texto a ser lido como um espaço de subjetividade e comunicabilidade, que expressa momentos históricos, entrecruzando outras obras, outros textos de diferentes autores, deixando, normalmente, explícita a adesão ou contrariedade do autor ao que trouxe para seu texto. Esse entrecruzamento define o papel da intertextualidade como sendo essencial à legibilidade do todo, pois se o leitor dispõe de conhecimentos prévios, de informações relativas ao contexto do que lê, terá maior proveito da leitura, uma vez que conseguirá identificar o diálogo nele presente.

Se um texto sempre dialoga com outros textos, fica claro que há nele outras vozes explícitas ou veladas, além da voz do autor que faz uma reorganização no uso da própria língua, operando com significações presentes na sociedade, resultado de manifestações pessoais e ideológicas. Isso mostra que nenhum texto pode ser reduzido à materialidade linguística ou dissolvido apenas na subjetividade daquele que o produz ou daquele que o interpreta, já que ele se constitui em objeto único, irreproduzível, não repetível (BARROS, 1997, p. 28-9).

Explicitamente, a intertextualidade manifesta-se quando o texto citado vem entre as aspas e são indicados o autor e fonte de onde a citação foi extraída, ou quando se aponta apenas autor e fonte, ou seja, a referência.

Implicitamente, a intertextualidade mostra-se por intermédio de operadores linguísticos como modalização, tempos verbais, pressupostos, subentendidos, que permitem a incorporação do outro à própria fala. Nesse caso, nem o autor, nem a obra de onde advêm as passagens são indicadas, já que o autor pressupõe que os seus leitores partilham com ele o mesmo conjunto de informações intertextualizadas.

A *Canção do exílio*, de Gonçalves Dias, talvez seja um dos textos mais intertextualizados da literatura brasileira. As transcrições constantes do exemplo podem ser complementadas pela *Canção do exílio*, de Murilo Mendes e pelo poema Um dia depois do outro, de Cassiano Ricardo.

> **Modalizadores**:
> expressões que marcam intenções, desejos, atitudes do enunciador: "é provável", "é certo", "acredito" etc.

> **Murilo Mendes**:
> (1901-1975) poeta, de Juiz de Fora –MG. Foi adido cultural da Embaixada Brasileira em Roma e professor de literatura na Itália.

> **Cassiano Ricardo**:
> (1895-1974) poeta e ensaísta paulista, de São José dos Campos.

EXEMPLO 1

CANÇÃO DO EXÍLIO

Minha terra tem palmeiras,
Onde canta o sabiá;
As aves, que aqui gorjeiam,
Não gorjeiam como lá.

Nosso céu tem mais estrelas,
Nossas várzeas têm mais flores,
Nossos bosques têm mais vida,
Nossa vida mais amores,

> *Em cismar, sozinho, à noite,*
> *Mais prazer encontro eu lá;*
> *Minha terra tem palmeiras,*
> *Onde canta o sabiá.*
>
> *Minha terra tem primores,*
> *Que tais não encontro eu cá;*
> *Em cismar – sozinho, à noite –*
> *Mais prazer encontro eu lá;*
> *Minha terra tem palmeiras,*
> *Onde canta o sabiá.*
>
> *Não permita Deus que eu morra,*
> *Sem que eu volte para lá;*
> *Sem que desfrute os primores*
> *Que não encontro por cá;*
> *Sem qu' inda aviste as palmeiras,*
> *Onde canta o sabiá.*

Gonçalves Dias

(1823-1846) Poeta lírico, criador da imagem romântica e épica do índio brasileiro. Intérprete do sentimento nacional em seu tempo.

TRECHO DO HINO NACIONAL BRASILEIRO

> *Do que a terra mais garrida*
> *Teus risonhos lindos campos têm mais flores:*
> *Nossos bosques têm mais vida*
> *Nossa vida, no teu seio, "mais amores".*

HINO NACIONAL

Composto provavelmente em 1831, por Francisco Manuel da Silva. A letra atual, de Osório Duque Estrada, foi oficializada em 1922.

> CANTO DE REGRESSO À PÁTRIA
>
> *Minha terra tem palmeiras*
> *onde gorjeia o mar*
> *os passarinhos daqui*
> *não cantam como os de lá.*
>
> OSWALD DE ANDRADE
>
> (1890-1954) Poeta, jornalista, romancista e teatrólogo paulistano. Participou do movimento modernista.

A leitura dos textos mostra que, basicamente, a Canção do exílio vem intertextualizada para diferentes fins, seja para reafirmar sentidos do texto, no Hino Nacional, seja para fazer espécie de brincadeira, em Oswald de Andrade.

Invertendo trechos, criticando, contestando, ridicularizando, deformando, os novos textos sempre deixam ao leitor a possibilidade de reconhecimento da fonte.

Comumente se vê que a intertextualidade comporta a paráfrase e a paródia. Na paráfrase há a retomada de outro texto, sendo mantido o sentido original, ou o autor recorre à interpretação de um texto com palavras próprias, sendo mantido o pensamento do original. Na paródia, a retomada de outro texto se faz com inversão do sentido, o que gera a ironia, a sátira, com a intenção de proporcionar o riso e/ou a crítica.

3.3. PARA ALÉM DA MERA DECODIFICAÇÃO

A leitura dos textos aqui apresentados confirma Geraldi (1995), ao considerar que os elementos linguísticos do texto não ficam na superfície textual apenas para serem decodificados como sinais gráficos. A interação entre texto e leitor, longe de envolver um sujeito passivo, se dá de tal forma que leva em conta as representações individuais do leitor, seus conhecimentos prévios, o que inclui leituras de outros textos, contextos sociais etc. Daí se dizer que cada um lê de acordo com suas possibilidades, com seu perfil, com seu estoque de conhecimentos.

Como já trabalhado nos capítulos anteriores, a leitura é

um processo de construção de sentidos e, para dar conta desse processo complexo e multifacetado, precisamos nos valer de uma perspectiva sociocognitiva interacional.

3.4. ESTRATÉGIAS DE LEITURA

Além dos níveis linguísticos, o papel ativo do leitor rumo à construção da compreensão do texto envolve, interativamente, uma série de aspectos cognitivos, que levam a ativar esquemas mentais, pelo uso das memórias de trabalho e de longo prazo que permitem um repertório a partir da experiência de vida do leitor, de seus vários conhecimentos acumulados (enciclopédicos, culturais, de costumes), valendo-se de estratégias que podem ser eficazes para o processamento do texto.

Estratégias são operações mentais destinadas a processar a informação visual (ou auditiva) de sorte a levar o leitor a construir os sentidos.

Observa-se que esse processo interativo é também compensatório, já que, quando uma fonte de conhecimento falha, outra procura compensar a deficiência ocorrida. Ou seja, atuam na leitura processos interativos e compensatórios na atribuição de sentido ao que se lê.

Mencionamos acima a possibilidade de leituras erradas e um recurso para evitá-las é dominar estratégias que sirvam à finalidade da tarefa, já que, como todo trabalho de construção de algo, também a construção de sentidos requer habilidades para obter sucesso na operação.

As estratégias são dispositivos mentais do leitor que lhe permitem a superação de dificuldades, de problemas, já que, por meio delas, ele faz cálculos de sentido, considerando o que o texto expressa e seus conhecimentos prévios. Assim, o leitor vai formulando hipóteses enquanto lê, se autocorrigindo, se necessário, de sorte a ir construindo sentidos. Portanto, trata-se de operações individuais e sujeitas a "erros" que podem levar, até mesmo, a compreensões inadequadas.

O próprio uso do conhecimento prévio do leitor é uma operação estratégica que depende das atividades que ele realiza. Quanto maior for sua proficiência leitora, menor a probabilidade de seleção de atividades inadequadas.

Estratégia simples que exemplifica essa situação é a releitura de um dado trecho, motivada pela incompreensão ou pela dúvida. Isso mostra que o ato de ler é estratégico em si mesmo e que a construção de sentido pelo leitor pode ser um fator de desenvolvimento de sua consciência leitora.

As estratégias dizem respeito, pois, ao conhecimento geral do leitor e constituem uma habilidade aprendida e reaprendida continuamente. Novos gêneros de textos ou novas formas de comunicação podem requerer novas estratégias. Mas, sendo submetidas a atividades do leitor, evidencia-se a dificuldade para fechá-las num dado elenco, embora seja possível distinguir dois tipos básicos: as estratégias cognitivas e as estratégias metacognitivas.

Cognitivas

Compreendem comportamentos automáticos do leitor e, portanto, são aquelas das quais ele se vale de forma inconsciente, já que elas se desenvolvem desde muito cedo, quando ele inicia o processo de aquisição da leitura. Essas estratégias vão naturalmente se aperfeiçoando com o tempo e a prática da leitura, levando o leitor a agir de forma automática sobre grande parte do que lê. É graças a estratégias cognitivas que, por exemplo, fixamos o olho no início das palavras e deduzimos o restante; que adivinhamos o que vem no texto enquanto lemos, mesmo que possamos ser posteriormente surpreendidos com algo diferente.

Metacognitivas

Supõem comportamentos desautomatizados, na medida em que o leitor tem consciência do que está ocorrendo enquanto lê, ou seja, são aquelas das quais o leitor se vale de forma consciente, sabendo o que está fazendo e por que está agindo de uma ou de outra maneira. Naturalmente, são mais fáceis de serem controladas pelo leitor e mesmo de serem observadas pelo professor.

Do ponto de vista do ensino da leitura, devem ser trabalhadas, no sentido de levar o leitor a ter consciência de recursos que poderá utilizar para obter melhores resultados.

Portanto, se queremos formar leitores, temos de focalizar nossa atenção em estratégias que despertem o aluno para tornar sua leitura mais produtiva, cientes de que o leitor pode desenvolver e alterar estratégias enquanto lê. São fundamentais pistas como: formato do texto, recursos tipográficos do tipo realces de expressões, recuos, ilustrações etc.

Entre estratégias **metacognitivas** destacamos:

➤ **predição**: embora saibamos que há um nível de predição cognitivo, ele pode ser trabalhado metacognitivamente, alertando o leitor para desenvolver sua capacidade de antecipar-se ao texto, prevendo seu prosseguimento, à medida que vai tendo algum nível de compreensão. Assim, por meio do folheamento do texto, poderá ancorar sua predição em fotos, títulos, diagramação, layout etc.;

➤ **seleção**: diz respeito à habilidade do leitor para, em função da finalidade da leitura, selecionar apenas os aspectos relevantes para a compreensão, lançando mão de índices que ele vai identificando no texto. Normalmente, a seleção se dá quando temos de fazer um resumo ou de localizar partes do texto. Entretanto ela pode ser observada mesmo numa leitura de romance, quando, por um erro de cálculo é feita uma leitura equivocada e temos de voltar e reler;

➤ **registro**: dependendo da finalidade da leitura, o registro de informações relevantes pode ser feito com vantagem, seja por meio de transcrições de passagens mais complexas, seja por meio de paráfrases que já expressam o entendimento do que foi dito no texto. Mas é preciso, também, lembrar que o leitor tem de encontrar uma forma de registro que posteriormente lhe permita voltar a ele com relativa facilidade.

➤ **inferência**: refere-se à habilidade do leitor de ler para além do que está escrito, completando informações com base em suas competências linguística e comunicativa, em seus esquemas mentais que incluem seus conhecimentos prévios. Na verdade, a inferência é um trabalho quase de desvendamento do texto, em que o leitor lê implícitos, estabelece relações permitidas pelo texto. Esse processo (tratado mais especificamente no Capítulo 4) ocorre em função do conhecimento de mundo do leitor, ativado para que ele entenda os implícitos e pressupostos com base nas pistas que o autor deixou. Trata-se de recurso que permite ao leitor ler o que está dito nas entrelinhas do texto. Graças a essa estratégia, ele consegue relacionar diferentes partes do texto, tirar determinadas conclusões, deduzir o sentido de palavras desconhecidas etc.

➤ **confirmação**: é uma estratégia importante em situações em que o leitor se vale do texto para busca de informações, pois permite que ele acione sua capacidade para confirmar ou corrigir suas predições e inferências;

➤ **correção**: como consequência da confirmação o leitor

desenvolve sua capacidade de correção de predições e inferências não confirmadas na leitura. O processo lhe permite voltar a trechos do texto, levantar outras hipóteses e buscar outras pistas, na tentativa de dar sentido adequado ao que lê.

Por fim, vale mencionar trecho da entrevista de Ezequiel Theodoro da Silva com Paulo Freire, no qual podemos observar o valor simbólico do diálogo com o texto, combinado com a concretude de algumas estratégicas como perguntas, identificação de núcleos temáticos, grifos, escritura ou primeiros apontamentos pessoais:

> **Ezequiel** - *Veja bem Paulo, como é que você seleciona um texto, como é que você vai ao texto. Isso aí eu acho que é importante.*
>
> **Paulo** – *Eu vou ao texto carinhosamente... Em segundo lugar, de modo geral, simbolicamente, busco a convivência com o texto. Porque na verdade (...) De modo geral, simbolicamente, eu ponho uma cadeira e convido o autor, não importa qual, a travar um diálogo comigo. O que equivale a dizer: eu vou lendo o texto e vou fazendo perguntas ao autor e a mim mesmo. Quer dizer: vou me perguntando em torno, por quê. Nesse hábito de perguntar é que vou, em certo sentido, decifrando ou decodificando o texto. Períodos, melhor, uma certa nucleação temática do livro. Mas, num primeiro momento, eu vou fazendo perguntas a mim mesmo e vou fazendo simples sublinhamentos nesses prováveis núcleos temáticos, que eu vou surpreendendo, que eu vou descobrindo. Vamos admitir que eu faça isso no decorrer de um capítulo, se se trata de um livro por exemplo; terminada a leitura primeira de um capítulo, eu dou uma volta (por isso que eu demoro muito pra ler...), eu volto ao primeiro capítulo e vou agora, sobretudo, enfatizando pra mim a leitura daquilo que grifei. E às vezes ocorre que, por causa disso, eu paro de ler porque daí eu escrevo uma página, duas... Eu me sinto desafiado, durante o processo da leitura daquelas páginas e esse desafio provoca em mim a redação de uma coisa que, aparentemente, não teria nada que ver com aquilo que eu li, mas na verdade nasceu daquilo. (BARZOTTO, 1999, p. 26-7)*

Vale ressaltar que o autor opera com estratégias que facultam seu contato com o texto, tendo em vista a função dialógica e, nesses diálogos, dialoga com o texto e consigo mesmo a partir do texto.

Também significativos são os sublinhamentos no que o autor chamou de núcleos temáticos e que poderíamos acrescentar passagens que interessam ao objetivo da leitura. Além disso, o retorno a esses sublinhamentos mostra-se decisivo na apropriação do que foi lido.

Por meio da intertextualidade e da utilização de estratégias cognitivas e metacognitivas, o que se espera é que o leitor busque ressignificar o texto lido, por meio de uma "escavação" construída com o questionamento das certezas, das incertezas, das crenças, da realidade, tornando o leitor nascido desse aprendizado, apto para se comunicar.

Evidentemente, se falta repertório ao aluno leitor, se ele não dispõe de conhecimentos prévios sobre o assunto, dificilmente conseguirá fazer reflexões, "conversar" com o autor. Aí o professor pode auxiliar com leituras prévias, discussões que possam prepará-lo para melhor resultado.

Quanto aos grifos, também é bom assinalar que a forma de fazê-los depende da memória e dos interesses do leitor. Apontamentos feitos apenas no próprio texto são eficazes para leitores com boa memória. Os que não confiam muito em sua memória costumam, além dos grifos, fazer uma recolha das anotações, para utilização posterior. Na dúvida, é mais seguro fazer apontamentos à parte ou mesmo resenhas dos textos lidos.

Considerando os dois tipos de estratégias, seria de se esperar que quanto menor fosse o número de atividades metacognitivas exigidas pelo texto, mais legível ele seria. No entanto, isso não se confirma, pois se observa que leituras apenas automáticas conduzem, com frequência, ao desinteresse, o que pode levar à incompreensão. Isso nos permite dizer que, como em quase tudo na vida, o ideal fica "no meio", ou seja, na presença de equilíbrio entre exigências cognitivas e metacognitivas, entre esquemas conhecidos e desafios propostos pelo texto, pois, enquanto as passagens que levam a processamento automático favorecem a assimilação, passagens desafiadoras podem levar à motivação, à curiosidade, ao interesse.

Ao ler um dado texto para a busca de informações, o aluno trabalha com estratégias que funcionam como hipóteses operacionais. Se o resultado da leitura mostra adequação à finalidade preestabelecida e confirmação de suas expectativas, então o texto deve merecer anotações, para posterior utilização. Por essa razão, pode-se dizer que a análise estratégica não depende só das características do texto, mas também dos objetivos do leitor, bem como de seus conhecimentos de mundo, das relações entre texto e contexto, além do nível de processamento ou do grau de coerência exigido para a compreensão. Presume-se que o que já foi absorvido em termos de conhecimento, também sirva para outras possíveis informações cognitivas, tais como crenças, opiniões, atitudes.

Dessa forma, o processamento que o leitor faz do texto está atrelado ao contexto sociocomunicativo, no qual o próprio texto se insere. Por isso, o ato de leitura bem resolvido é aquele que combina texto e contexto com adequação, uma vez que o leitor opera com a construção do sentido, num jogo de relações que trabalha informações acumuladas sobre enunciados precedentes ou enunciados que se seguem, conjugando implícita ou explicitamente, numa trama intertextual, valores, ideias, situações, sequência de outros textos.

É esse conjunto de relações que faz de um texto uma unidade múltipla, uma unidade que pode ser lida por diferentes sujeitos ou por um mesmo sujeito em tempos diferentes, sempre produzindo novos sentidos, mesmo que sejam no âmbito de matizações novas, de novas intravisões.

Por outro lado, como os gêneros textuais variam em formato, estrutura e intenções, o uso eficaz das estratégias de leitura está relacionado com o gênero que se lê e o propósito de leitura que se tem em mente para aquele gênero.

Se o leitor não tem expectativas, porque ainda desconhece o assunto, terá de despender mais trabalho em torno dele, para poder fazer leituras proveitosas, que lhe permitam conjecturas, inferências, pois, para compreender, o sujeito articula, de maneiras diversas, tanto informações decorrentes dos próprios acontecimentos, da situação ou do contexto, como informações nascidas das suas pressuposições cognitivas. Não existe uma ordem entre essas informações e a interpretação. Até pode ocorrer de a interpretação preceder a informação o que corre, por conta das pressuposições cognitivas.

EXEMPLO 2

Leitura de texto irreverente

Canção do exílio às avessas - Jô Soares

> Minha Dinda tem cascatas
> Onde canta o curió
> Não permita Deus que eu tenha
> De voltar pra Maceió.
> Minha Dinda tem coqueiros
> Da Ilha de Marajó
> As aves, aqui, gorjeiam
> Não fazem cocoricó.
> O meu céu tem mais estrelas
> Minha várzea tem mais cores.
> Este bosque reduzido
> deve ter custado horrores.
> E depois de tanta planta,
> Orquídea, fruta e cipó,
> Não permita Deus que eu tenha
> De voltar pra Maceió.
> Em cismar sozinho à noite
> Minha Dinda tem piscina,
> Heliporto e tem jardim
> feito pela Brasil's Garden:
> Não foram pagos por mim.
> Minha Dinda tem primores
> De floresta tropical.
> Tudo ali foi transplantado,
> Nem parece natural.
> Olho a jabuticabeira
> dos tempos da minha avó.
> Não permita Deus que eu tenha
> De voltar pra Maceió.
> Até os lagos das carpas
> São de água mineral.
> Da janela do meu quarto
> Redescubro o Pantanal.
> Também adoro as palmeiras
> sem gravata e paletó
> Olho aquelas cachoeiras

Jô Soares: (José Eugênio, dito Jô), humorista brasileiro (Rio de Janeiro, 1938). Celebrizou-se com seus programas de televisão "Viva o Gordo!" e "Jô Soares, onze e meia. Tem feito numerosos shows teatrais com muito sucesso e programas de rádio sobre música de jazz. Publicou o livro O Xangô de Baker Street (1995).

Onde canta o curió.
No meio daquelas plantas
Eu jamais me sinto só.
Não permita Deus que eu tenha
De voltar pra Maceió.
Pois no meu jardim tem lagos
Onde canta o curió
E as aves que lá gorjeiam
São tão pobres que dão dó.
Onde canta o curió.
Não permita Deus que eu tenha
De voltar pra Maceió.
Finalmente, aqui na Dinda,
Sou tratado a pão-de-ló.
Só faltava envolver tudo
Numa nuvem de ouro em pó.
E depois de ser cuidado
Pelo PC, com xodó,
Não permita Deus que eu tenha
De acabar no xilindró.

SOARES, Jô. Canção do exílio às avessas. Veja, São Paulo, 16 set. 1992. Disponível em: <http://veja.abril.com.br/acervodigital/home.aspx >. Acesso em: 30 mar. 2011.

Para não incorrer em leitura "errada", ou melhor dizendo, inadequada, é necessário que o leitor conheça o contexto sociopolítico em que foi produzido o texto: trata-se do ano de 1992, quando, Fernando Collor de Mello, presidente do Brasil foi denunciado por seu irmão, Pedro Collor de Mello e sofreu o processo de impeachment (impugnação de mandato) do Congresso Nacional, sob a acusação de envolvimento em esquemas de corrupção, em parceria de seu sócio e tesoureiro de campanha eleitoral Paulo César Farias, o PC. Para não perder seus direitos políticos, Collor renunciou ao cargo, porém, mesmo renunciando, seus direitos políticos foram suspensos por oito anos. Proveniente de Alagoas, residiu, em Brasília, na chamada casa da Dinda.

Para os leitores da mídia escrita da época, esse texto remete a intertextos que enunciavam as grandezas da casa da Dinda e as críticas de corrupção supostamente comandadas por PC Farias.

Portanto, para quem viveu essa fase do Brasil, a leitura é imediatamente intertextualizada.

Assim o processo de leitura reafirma a interação entre texto e leitor, recuperando um sujeito ativo que leva em conta suas lembranças e representações, seus conhecimentos arquivados na memória, o que o conduz a retomar, de forma mesmo que indelével, outros textos e contextos sociais da época, como assinala Geraldi (1995).

Sabemos que as estratégias de leitura variam de leitor para leitor, pois dependem de conhecimentos prévios em vários níveis. É provável que, passados vários anos, leitores adultos nos idos da década de 1990, tenham de valer-se de estratégias compensatórias para produzir sentido adequado a esse texto.

Estratégias cognitivas, talvez, deem conta de grande parte do texto para leitores que acompanharam todo o processo de político pelo qual passou o País e pelas muitas críticas veiculadas sobre a ostentação da casa da Dinda.

Metacognitivamente, no entanto, colocando a cadeira ao lado e solicitando ao autor que sente para um diálogo, o leitor poderá se surpreender consigo mesmo, seja pelas perguntas que vai se fazer, seja pela predição do que ainda vem no texto, ou pelo registro parafrástico, que, de forma ácida, se vale da Canção do exílio de Gonçalves Dias para fazer sua crítica ao presidente marcado para ser afastado do cargo.

Referimo-nos a leitores adultos por ocasião dos fatos que situam no tempo o texto de Jô Soares. Mas poderíamos pensar agora em leitores jovens que se deparassem com esse texto.

Sugestão 1:

Instigando a curiosidade sócio-histórica dos alunos.

Nesse nível, sem sombra de dúvida, caberia ao professor fornecer informações que permitissem aos jovens leitores compreender não só a paráfrase do autor que se vale, de um texto do Romantismo brasileiro, como também fatos históricos mencionados de forma jocosa no texto.

O autor faz uma alusão ao casal vindo do pequeno estado nordestino que se deslumbra com o poder e com tudo o que ele pode proporcionar.

Em, pelo menos, três passagens pode-se inferir que o dinheiro da corrupção teria proporcionado tanta grandeza.

Minha várzea tem mais cores
Este bosque reduzido
deve ter custado horrores.

Minha Dinda tem piscina,
Heliporto e tem jardim
feito pela Brasil's Garden:
Não foram pagos por mim.

E depois de ser cuidado
Pelo PC, com xodó,
Não permita Deus que eu tenha
De acabar no xilindró.

SUGESTÃO 2:

Lendo o texto com foco em questões da linguagem, propomos:

1. Identificar índices de maior impacto para a caracterização da ostentação da casa da Dinda.

Minha Dinda tem coqueiros
Da Ilha de Marajó

Minha Dinda tem primores
De floresta tropical.
Tudo ali foi transplantado,
Nem parece natural.

Até os lagos das carpas
São de água mineral.

Finalmente, aqui na Dinda,
Sou tratado a pão-de-ló.
Só faltava envolver tudo
Numa nuvem de ouro em pó.

2. Indicar passagens em que se evidencia transposição geográfica da natureza.

Minha Dinda tem coqueiros

Da Ilha de Marajó

> Transposição da região norte.

Minha Dinda tem primores

De floresta tropical.

Tudo ali foi transplantado,

Nem parece natural.

> Transposição da região amazônica

3. Interpretar o que significa, no texto:

As aves, aqui, gorjeiam

Não fazem cocoricó.

Em Maceió só teria galos e galinhas e não o canto do curió, pássaro originário da América do Sul e encontrado em toda a costa brasileira, cujo nome originário do tupi significa "amigo do homem". O nome foi dado ao pássaro porque ele vivia junto às aldeias dos índios. Diz-se que, pelo canto, o pássaro é capaz de mostrar quem domina o lugar, o que pode ser estendido como um significado especial ao poema.

4. Os versos a seguir:

E as aves que lá gorjeiam

São tão pobres que dão dó.

referem-se a Maceió.

5. Observar os marcadores espaciais do texto a que se referem.

As aves, *aqui*, gorjeiam

O marcador "aqui" refere-se à casa da Dinda, em Brasília.

E as aves que *O marcador "ali"* gorjeiam

O marcador "ali", em oposição ao "aqui" do outro verso, refere-se a Maceió.

Tudo *ali* foi transplantado,

O marcador "ali", refere-se agora à "floresta tropical".

Finalmente, aqui na Dinda

O marcador "aqui" refere-se, de forma enfática, à casa da Dinda, em Brasília.

PARA FINALIZAR...

O ato de ler reafirma a interação texto-leitor, recuperando um sujeito ativo que leva em conta suas lembranças e representações, seus conhecimentos arquivados na memória, conduzindo-o a retomar, mesmo que de forma indelével, outros textos e contextos sociais da época.

Pode também provocar o leitor a buscar informações que deem sentido ao que lê. E, sob esse aspecto, o professor desempenha papel decisivo, quando encontra meios para gerar, entre os alunos, curiosidade a respeito de determinados temas.

Como as estratégias de leitura variam de leitor para leitor, torna-se imprescindível ampliar os conhecimentos dos alunos em vários níveis.

Em relação ao texto de Jô Soares, é provável que leitores adultos naquela época tenham de se valer, hoje, de estratégias compensatórias para produzir sentido adequado. Mas, se tiverem alguns conhecimentos prévios, rapidamente farão compensações e conseguirão leitura adequada. Bem por isso, reiteramos a importância de trabalhar, na leitura, a ampliação dos conhecimentos não só linguísticos, mas também da vida em sociedade.

Metacognitivamente, colocando a cadeira ao lado e solicitando ao autor que sente para um diálogo, o leitor poderá se surpreender consigo mesmo, seja pelas perguntas que consegue se fazer, seja pela predição do que ainda vem no texto, ou do registro utilizado pelo autor.

REFERÊNCIAS

BARROS, Diana Luz Pessoa de. Contribuições de Bakhtin às teorias do discurso. In: BRAIT, Beth. (org.). **Bakhtin, dialogismo e construção do sentido.** Campinas: Editora da Unicamp. 1997.

BARZOTTO, Valdir Heitor (org.). **Estado de leitura**. Campinas: ALB/Mercado de Letras, 1999.

GERALDI, João Wanderley. **Portos de passagem.** 4. ed. São Paulo: Martins Fontes, 1995.

POSSENTI, **Sírio.** A leitura errada existe. In: BARZOTTO, Valdir Heitor (org.). **Estado de leitura.** Campinas: ALB/Mercado de Letras, 1999, p. 169-178.

VIGNER, Gerard. Intertextualidade, norma e legibilidade. In: GALVES, Charlotte et al. (orgs.). **O texto:** escrita e leitura. Campinas: Pontes, 1988, p. 31-37.

SUGESTÕES DE LEITURA

BARZOTTO, Valdir Heitor (org.). **Estado de leitura.** Campinas: ALB/Mercado de Letras, 1999.

GERALDI, João Wanderley. **Portos de passagem.** 4. ed. São Paulo: Martins Fontes, 1995.

SANT'ANA, Affonso Romano de. **Paródia, paráfrase e companhia.** São Paulo: Ática, 1985.

4

Compreensão e interpretação

4.1. A COMPREENSÃO

O termo compreensão vem sendo tomado como parte do nosso vocabulário comum, uma vez que o fenômeno a que ele se refere não diz respeito apenas à leitura, mas também a nossa forma de viver em sociedade. Compreendemos ou não fatos presenciados, relações sociais estabelecidas ou por estabelecer, problemas econômicos, estruturas educacionais etc.

Logo, quando nos dispomos a pensar na compreensão leitora, temos de assumir que estamos diante de um fenômeno mais amplo e complexo que permeia toda nossa vida.

Entretanto, vamos aqui nos restringir a aspectos que dizem respeito ao nosso esforço de compreensão em atividades de leitura, mesmo cientes das delimitações impostas pelo fato de se tratar de fenômeno que só pode ser observado de forma indireta.

Diante de um texto especializado em qualquer área, por exemplo, o leitor desprovido de conhecimentos prévios específicos, poderá ter dificuldade ou mesmo não compreender nada, embora o texto esteja escrito em língua portuguesa. No entanto, se houver explicações que simplifiquem aspectos da especialidade, é possível a compreensão, como em:

Variáveis

As variáveis são o agrupamento das medidas repetidas de um dado objeto de estudo, realizadas em diferentes unidades de observação. Por exemplo, estudando espécies de plantas, o pesquisador tem como objeto "as plantas" e como variável "a espécie"; o valor da variável vai variar com cada observação de cada planta em particular, sendo sua medida as diferentes categorias de espécies de planta. (PEREIRA, 1999, p.43)

Observamos que, mesmo para leigos em metodologias qualitativas, a informação anterior é compreensível, tendo em vista a linguagem clara, decorrente de alguns fatores como a exemplificação feita com objeto de nosso conhecimento, a utilização do termo variável que, embora utilizado como termo de especialidade, tem seu significado muito próximo do significado comum.

Com efeito, encontramos para "variável", no Dicionário Eletrônico Houaiss (2002), como primeira significação: "que pode variar, é sujeito a variação ou mudanças; mutável".

Mas como leitores não especializados na área, sabemos que nossa compreensão, provavelmente, atinge nível inferior, se comparada com a de um especialista, seja em metodologias qualitativas, seja em botânica. Esses leitores, em função de outros conhecimentos, seguramente falariam sobre a compreensão do texto com mais propriedade e precisão que nós.

Isso nos permite dizer com Smith (1999, p. 73) que "a compreensão depende da previsão", ou seja, da visão anterior do leitor, daquilo que ele já tem em sua mente.

Mas é ainda impossível saber como as coisas são arquivadas na mente do leitor. E, na falta de melhor explicação, dizem os estudiosos que temos em nossas mentes um modelo do mundo, resultante de nossas vivências, entre as quais as informações que nos chegam pela "instrução", constituindo apenas uma parte dos nossos conhecimentos, e vão além daquilo que nos ensinaram.

Ao ler e compreender um texto, entram, pois, em cena nossos modelos de compreensão do mundo, graças tanto à organização dos enunciados, como às informações que nos despertam para ideias que ultrapassam o texto. Por isso, dizemos que a compreensão depende, também, da nossa teoria de mundo que está fora do texto, mas que faz parte da realidade junto à qual tanto o texto, quanto nós leitores estão, de alguma forma, inseridos.

Essa relação da compreensão da leitura com a compreensão da realidade, se não chega a explicar o porquê de cada um de nós ter aprendido a ler de forma, praticamente, natural e com pouca idade, talvez justifique ser a leitura uma atividade assim identificada por Smith (1999, p. 12), uma vez que

a leitura não pode ser ensinada para as crianças. A responsabilidade do professor não é a de ensinar as crianças a ler, mas a de tornar a aprendizagem da leitura possível.

Entretanto, em níveis posteriores do ensino, continua o esforço do professor para tornar a aprendizagem mais eficiente, para tornar o leitor consciente de que cabe a ele apreender as intenções do autor e entrecruzá-las com seus conhecimentos prévios, de sorte que a compreensão se faça na relação do texto com o que o leitor espera do mundo e o que está em sua mente.

E nesse complexo processo, jamais podemos afirmar ter alcançado uma compreensão completa de um texto lido. Nossa compreensão será sempre restrita a um tempo e a uma circunstância de leitura, da mesma forma como acontece com nossa compreensão da própria vida, já que a cada dia as representações que fazemos de acontecimentos, de fatos, são reorganizadas, podendo ser movidas, esquecidas, ou parcialmente alteradas, por conta de nossas lembranças.

Boa parte da aquisição de nossos conhecimentos e dos conhecimentos de nossos alunos provém da compreensão de textos escritos. Mas, como lembra Meurer (1985, p. 31), a compreensão não depende apenas do fato de o leitor se encontrar diante de um texto escrito, senão também da forma como ele está escrito, e da ativação voluntária e automática de esquemas mentais.

Nesse processo, é razoável dizer que as informações do texto atuam como estímulos em associação com informações já existentes na memória do leitor. Consequentemente, a ideia de que, pela sua fala, o professor transmitiria conhecimentos aos alunos sofre, na atualidade, forte revés, muito embora ainda haja professores que acreditam nisso.

Se os alunos não dispuserem de esquemas mentais a respeito do assunto tratado pelo texto, se não forem capazes de fazer previsões a respeito do que é tratado, as informações recebidas poderão ser incompreensíveis ou sequer serem percebidas, tornando impossível a geração de qualquer conhecimento.

É comum em nossa escola esperar que os alunos, após a leitura de um dado texto, sejam capazes de responder a questões sobre ele, resumi-lo, ou até mesmo parafraseá-lo. Mas nada disso poderá ocorrer se a proposta de resumir ou parafrasear não fizer parte dos objetivos da leitura. Responder a questões sobre o texto tem algumas implicações, como será tratado logo mais. Resumir e parafrasear não são tarefas que possam ser exigidas dos alunos, sem trabalhos de produção textual dirigidos a esses fins.

Temos de trabalhar a leitura em si, pois, se queremos que nossos alunos compreendam o que leem, temos de dar a eles meios que possibilitem compreender o que está expresso, o que vem implícito e, sobretudo, ampliar seus esquemas mentais, para que leiam as palavras e além delas.

EXEMPLO 1

Se o professor, seja ele de qual área for, conseguir fazer seus alunos "verem cores" (sejam elas de Almodóvar, ou as suas) que nunca tinham visto, "prestarem atenção" em coisas até então imperceptíveis, então estará estimulando-os a ler o mundo com outros olhos.

Se conseguirmos fazer com que nossos alunos "ouçam o seu irmão" com respeito e atenção, então estaremos contribuindo para o respeito ao outro, diminuindo os preconceitos, deixando de "passearmos no escuro" da intransigência. O "aprender a ouvir" o outro, com respeito e atenção, é um exercício pedagógico difícil, que nós, professores, podemos ajudar a praticar. (KAERCHER, 2007, p. 81)

Observamos pelo exemplo que nossa compreensão fica na dependência de algumas inferências que possamos fazer, em especial a partir de:

> *"verem cores" (sejam elas de Almodóvar, ou as suas)*

Evidencia-se que "cores" são, de fato, vistas, mas as cores de Almodóvar e as do próprio professor parecem não ser as que fazem o colorido das coisas. Dessa forma, se não sabemos quem é Almodóvar, como são seus filmes, de nada adianta saltar essa informação, porque o restante do conteúdo dos parênteses ficará, também, incompreensível. Ver as cores parece indicar uma percepção para além do visível, seja no texto, seja nas atitudes das pessoas. É o ler o mundo com outros olhos, que requer conhecimentos de várias ordens.

> *"ouçam o seu irmão" com respeito e atenção, diminuindo os preconceitos*

A diminuição dos preconceitos, a partir da oitiva do irmão, depende de inferência cultural ou mesmo ideológica. O pressuposto é que o gesto de cada um melhore a realidade.

> *deixando de "passearmos no escuro" da intransigência*

Talvez a mais complexa das informações para efeito de inferência seja "passear no escuro da intransigência", pois cada um de nós tem uma concepção do papel do professor, além de que o próprio conceito de intransigência terá de entrar em jogo.

Para o autor, procedimentos intransigentes têm gerado verdadeiros passeios pedagógicos no escuro, o que nos permite inferir que o professor pensa que ensinou, desconsiderando as condições de produção do aprendizado dos alunos, normalmente acusados de irresponsáveis, desinteressados etc.

4.2. SOBRE INFERÊNCIAS

As inferências têm sido estudadas como resultado do processamento cognitivo do leitor. Nesse processamento contam não apenas elementos claramente expressos no texto, como no exemplo aqui apresentado, mas também implícitos que, numa leitura compreensiva têm de ser depreendidos pelo leitor.

Os implícitos num texto são fundamentais para a economia da linguagem, para que não haja comprometimento na compreensão pelo excesso de explicações para cada ideia utilizada, causando um amontoado de detalhes com efeitos danosos para a recepção do leitor.

Os implícitos permitem ao autor deixar de dizer o que pode ser preenchido na leitura, já que admite que seus leitores são capazes de compreender a informação, como a menção de Almodóvar no Exemplo 2.

> **Almodóvar:** premiado cineasta, ator espanhol, primeiro no seu país a ser indicado para o Oscar. Antes de entrar para o cinema atuou em empresas, foi ator de teatro e cantor de banda de rock. Nunca fez estudos específicos para a sétima arte.

Na compreensão do leitor, os implícitos são, de alguma maneira, entrelaçados com o que vem explicitamente expresso, estejam eles no texto sob a forma de pressupostos ou de subentendidos.

Os pressupostos apoiam-se, diretamente, no sentido das palavras presentes no enunciado, o que permite ao leitor produzir inferências óbvias, como no exemplo a seguir:

> *Pedro começou a lecionar nessa escola nesse ano.*

Imediatamente inferimos que antes desse ano ele não era professor dessa escola.

Já os subentendidos firmam-se na enunciação sob a forma de insinuações não marcadas linguisticamente, exigindo, do leitor, ir além do que está escrito, na direção de conhecimentos mais amplos sobre o assunto ou sobre o contexto em que a informação se faz presente para a produção, com adequação, de uma inferência.

> *Pedro, o novo professor da escola, conhece muito de sua área de especialidade. Com os alunos tem tido dificuldades.*

Podemos inferir que falta a ele ou habilidade para lidar com alunos de determinada faixa etária, ou conhecimento sobre a população discente da escola, ou ambos, ou até mesmo que está no lugar errado.

Como vemos, sendo um processo cognitivo, não podemos saber, a priori, qual inferência será produzida pelos leitores, assim como não saberíamos como cada pessoa da comunidade escolar entenderia a situação do professor Pedro.

Mas, seja qual for a inferência, ela terá sido produzida a partir das marcas presentes no texto, em consonância com os conhecimentos guardados na memória do leitor, o que permite a geração de proposições, com informação semântica nova.

O caráter cognitivo da leitura tem como consequência natural a possibilidade de um mesmo texto ser lido de formas diferentes por leitores diferentes, ou até mesmo por um mesmo leitor em tempos diferentes, já que conta a articulação do texto com os esquemas mentais, no momento mesmo da leitura. Diante disso, fica claro que não produzimos compreensões definitivas. Cada vez que lemos, estabelecemos relações mentais por meio de associações, comparações, relações lógicas e ideológicas, sempre com base em nossos conhecimentos pessoais, em nossas crenças.

> **Esquemas mentais:** recursos de que se vale nossa mente, guardando procedimentos básicos para ações ou conhecimentos de sorte a automatizá-los.

4.3. INTERPRETAÇÃO

Frequentemente, encontramos em textos o termo interpretação sendo usado como equivalente a compreensão. Mas há quem o tome como diferente, seja como processo que antecede a compreensão, em função do caráter histórico, cultural e ideológico da linguagem, seja como processo crítico literário.

Mas, não vamos adentrar esse complexo universo teórico. Apenas faremos considerações de ordem prática, tomando a interpretação como uma compreensão crítica de textos em geral.

Sem ignorar fatores históricos, culturais e ideológicos, vemos no olhar crítico a possibilidade de avançar na compreensão, muito embora nos pareça importante admitir que dependendo do preparo intelectual do leitor diante de determinados temas, a interpretação poderá se dar no ato mesmo da compreensão. Isso, no entanto, não nos exime de trabalhar no ambiente escolar com a leitura crítica como forma de levar o aluno à interpretação.

Na escola, o que se espera é um trabalho que mostre ao aluno como ele pode interpretar um texto. Habituado a uma única leitura, para interpretar, é preciso perceber ser necessário ultrapassar a primeira leitura inocente que acompanha o desenvolvimento linear do texto e chegar, como diz Jouve (2002 p. 28), "à leitura 'experiente' (quando o leitor, ou melhor, o 'releitor', pode utilizar seu conhecimento aprofundado do texto para decifrar as primeiras páginas à luz do desfecho)" e, com isso, atingir uma leitura crítica.

E nesse caso, cabe ao professor, de forma aproximada à leitura exegética de textos sagrados no passado, ajudar os alunos a desvendar os meandros do texto que "não é somente uma 'superfície', mas também um 'volume' do qual certas conexões só se percebem na segunda leitura" (Jouve, 2002 p. 29).

> **Leitura exegética:** explanação e interpretação, explicação de qualquer matéria de textos, principalmente da Bíblia, cujo objetivo é esclarecer ou interpretar minuciosamente um texto ou uma palavra.

Monitorado pelo professor, o aluno conseguirá avançar criticamente, chegando à experiência da interpretação, por meio de um refinamento na sua leitura, de sorte a ligar índices textuais, implícitos e conhecimentos históricos, culturais e ideológicos.

No monitoramento da leitura do aluno importa observar, por exemplo:

➢ a adequação da compreensão a partir de índices explícitos e implícitos do texto;

➢ a pertinência das inferências, analogias e generalizações;

➢ a formulação de questões mesmo diante de evidências, "tendo em vista enxergar os dois lados de uma moeda" (SILVA, 1998, p.34);

➢ a atenção dispensada ao texto e a reflexão feita.

Com efeito, na construção da interpretação é eficaz não descartar a leitura compreensiva que leva em conta componentes linguísticos de nível sintático, semântico e pragmático, pois cada um deles pode mostrar, respectivamente, os caminhos traçados pelo autor, por meio de operadores argumentativos, de relações estabelecidas entre componentes do enunciado; significados impressos no texto que, por vezes, podem exigir algum tipo de esclarecimento preliminar; a língua em uso, com seus elementos socioculturais.

Como disse Calvino (2003, p. 48), os avanços interpretativos exigem do leitor a capacidade de ultrapassar a matéria corpórea do texto, para chegar à sua "substância incorpórea".

Para atingir a "substância corpórea", um professor mais experiente não fornece sua interpretação para os alunos, mas faz comentários esclarecedores que permitem a eles passar pelas "linhas" e, eventualmente, pelas "entrelinhas", ir "além das linhas", chegando às entranhas do texto (SILVA, 1998, p.34).

Também, uma leitura crítica, normalmente, leva à interpretação avaliativa do texto, como esclarece Silva (1998, p. 35):

> *Tanto a construção do cidadão como o exercício da cidadania esclarecida depende, em muito, do desenvolvimento e do domínio das competências críticas do leitor. De fato, não podemos nos situar em frente de um debate, de uma polêmica ou controvérsia, a menos que conheçamos e dominemos os códigos sociais da argumentação, bem como os portadores de textos que expressam posicionamentos, análises e/ou críticas dentro dos sistemas de circulação de sentidos.*

Calvino, Italo (1923-1985): escritor cubano, radicado na Itália. Permeada de humanismo e reflexões sociais, a obra de Calvino marcou a sociedade italiana do século XX. Escritor que não se encaixa em nenhum rótulo, Italo Calvino deixou livros realistas, simbólicos, líricos e existencialistas, todos com um texto em que se destaca a fina ironia, a fantasia, a curiosidade científica e a especulação metafísica. Enciclopédia Microsoft® Encarta®. © 1993-2001 Microsoft Corporation.

EXEMPLO 2

Na escola dos meus sonhos, os alunos aprendem a cozinhar, costurar, consertar eletrodomésticos, a fazer pequenos reparos de eletricidade e de instalações hidráulicas, a conhecer mecânica de automóveis e de geladeira e de algo de construção civil. Trabalham em horta, marcenaria e oficinas de escultura, desenho, pintura e música. Cantam no coro e tocam na orquestra. (...)

Não há temas tabus. Todas as situações-limite da vida são tratadas com abertura e profundidade: dor, perda, falência, parto, morte, enfermidade, sexualidade e espiritualidade. Ali os alunos aprendem o texto dentro do contexto: a Matemática busca exemplos na corrupção dos precatórios e nos leilões das privatizações; o Português, na fala dos apresentadores de TV e nos textos de jornais; a Geografia, nos suplementos de turismo e nos conflitos internacionais; a Física, nas corridas de Fórmula-1 e nas pesquisas do supertelescópio *Hubble*; a Química, na qualidade dos cosméticos e na culinária; a História, na violência de policiais contra cidadãos, para mostrar os antecedentes na relação colonizadores–índios, senhores–escravos, Exército–Canudos, etc. (...)

Na escola dos meus sonhos, os professores são obrigados a fazer periódicos treinamentos e cursos de capacitação e só são admitidos se, além da competência, comungam os princípios fundamentais da proposta pedagógica e didática. Porque é uma escola com ideologia, visão de mundo e perfil definido do que sejam democracia e cidadania. Essa escola não forma consumidores, mas cidadãos. (...)

Há uma integração entre escola, família e sociedade. A Política, com P maiúsculo, é disciplina obrigatória. As eleições para o grêmio ou diretório estudantil são levadas a sério e, um mês por ano, setores não vitais da instituição são administrados pelos próprios alunos. Os políticos e candidatos são convidados para debates e seus discursos, analisados e comparados às suas práticas. (...)

Não há provas baseadas no prodígio da memória nem na sorte da múltipla escolha. Como fazia meu velho mestre Geraldo França de Lima, professor de História (hoje romancista e membro da Academia de Letras), no dia da prova sobre a Independência do Brasil, os alunos traziam para a classe a bibliografia pertinente e, dadas as questões, consultavam os textos, aprendendo a pesquisar.

Não há coincidência entre o calendário gregoriano e o curricular. João pode cursar a 5ª série em seis meses ou em seis anos, dependendo de sua disponibilidade, aptidão e recursos.

É mais importante educar do que instruir; formar pessoas que profissionais; ensinar a mudar o mundo que ascender à elite. Dentro de uma concepção holística, ali a ecologia vai do meio ambiente aos cuidados com nossa unidade corpo–espírito e o enfoque curricular estabelece conexões com o noticiário da mídia.

HUBBLE (Edwin): astrofísico norte-americano (Marshfield, 1889 – San Marino, Cal., 1953), descobriu a natureza verdadeira das galáxias, determinou a distância de várias delas, evidenciou o movimento que as leva a se afastarem umas das outras, e encontrou uma relação entre sua velocidade de recessão e sua distância, a qual é considerada uma prova de expansão do universo. O novo satélite norte-americano recebeu o seu nome (1993). In: Enciclopédia Koogan Houaiss Digital. Rio de Janeiro: Delta, 1998.

> Na escola dos meus sonhos, os professores são bem pagos e não precisam pular de colégio em colégio para se poderem manter. Pois é a escola dos sonhos de uma sociedade em que a educação não é privilégio, mas direito universal, e o acesso a ela, dever obrigatório.
>
> *ESCOLA dos sonhos. O Estado de S. Paulo, coluna Espaço Aberto, 14/maio/1997.*

Os trechos que compõem o exemplo aqui apresentado não oferecem nenhuma dificuldade para serem compreendidos.

Logo na primeira leitura, a leitura das "linhas", o leitor aprende o belo sonho do autor. Percebe que, para além do sonho, há séria recriminação à escola brasileira.

Mas ao passar das "linhas" para as "entrelinhas" e para "além das linhas", pode começar a perceber pontos que podem ser questionados.

Retomemos, pois, o texto por partes.

Sugestão 1:

Na escola dos meus sonhos, os alunos aprendem a cozinhar, costurar, consertar eletrodomésticos, a fazer pequenos reparos de eletricidade e de instalações hidráulicas, a conhecer mecânica de automóveis e de geladeira e de algo de construção civil. Trabalham em horta, marcenaria e oficinas de escultura, desenho, pintura e música. Cantam no coro e tocam na orquestra. (...)

➤ Caberiam no ensino básico tantos ensinamentos como mencionado no texto? Como isso se organizaria em "anos"?

➤ Todas as crianças e jovens teriam aptidão para tudo, ou seria apenas uma questão de desenvolvê-las?

Parece pouco provável que coubessem no ensino básico todas as disciplinas e ensinamentos mencionados, que vão da cozinha à execução em orquestra.

Provavelmente, essa escola teria de trabalhar o desenvolvimento de habilidades específicas, mas admitindo diferenças de aptidão, como a escola atual.

SUGESTÃO 2:

Não há temas tabus. Todas as situações-limite da vida são tratadas com abertura e profundidade: dor, perda, falência, parto, morte, enfermidade, sexualidade e espiritualidade. Ali os alunos aprendem o texto dentro do contexto: a Matemática busca exemplos na corrupção dos precatórios e nos leilões das privatizações; o Português, na fala dos apresentadores de TV e nos textos de jornais; a Geografia, nos suplementos de turismo e nos conflitos internacionais; a Física, nas corridas de Fórmula-1 e nas pesquisas do supertelescópio Hubble; a Química, na qualidade dos cosméticos e na culinária; a História, na violência de policiais contra cidadãos, para mostrar os antecedentes na relação colonizadores–índios, senhores–escravos, Exército–Canudos, etc. (...)

Na escola dos meus sonhos, os professores são obrigados a fazer periódicos treinamentos e cursos de capacitação e só são admitidos se, além da competência, comungam os princípios fundamentais da proposta pedagógica e didática. Porque é uma escola com ideologia, visão de mundo e perfil definido do que sejam democracia e cidadania. Essa escola não forma consumidores, mas cidadãos. (...)

Há uma integração entre escola, família e sociedade. A Política, com P maiúsculo, é disciplina obrigatória. As eleições para o grêmio ou diretório estudantil são levadas a sério e, um mês por ano, setores não vitais da instituição são administrados pelos próprios alunos. Os políticos e candidatos são convidados para debates e seus discursos, analisados e comparados às suas práticas. (...)

➢ Como reagiriam as famílias diante de temas como morte, sexualidade, espiritualidade, por exemplo? A possibilidade de integração entre escola família e sociedade resolveria isso?

➢ Ainda que os professores fossem periodicamente capacitados, isso garantiria conceitos adequados a cada faixa etária e atenderia as expectativas das famílias?

➢ Em termos ideais, não caberia às famílias opinar sobre essas questões? Afinal são questões delicadas que dependem muito do contexto sociocultural e dos valores de cada uma.

É relativamente simples falar em integração escolas, famílias e sociedade, mas isso parece bastante utópico.

➤ O ensino das disciplinas contextualizado no cotidiano parece ser uma proposta cativante. Mas não faltaria aos estudantes o desafio de conhecer, em todas as áreas, aspectos que vão além do cotidiano, com a finalidade de prepará-los para outros momentos da vida, com raciocínios abstratos, com criatividade?

Embora cativante, deixar a escola apenas no cotidiano poderia representar outro tipo de problema: o avesso da escola descontextualizada.

Introduzir Política como disciplina, mesmo com P maiúsculo, parece problemático no contexto atual em que política e políticos parecem não remeter a conceitos muito louváveis.

➤ Nas eleições, fazer debates nas escolas seria viável com a proliferação de partidos políticos e candidatos, sem dizer da falta de conteúdos programáticos nos partidos?

Isso parece longe de qualquer viabilidade.

➤ Haveria escola sem ideologia? Ou estaria aí um novo problema conceitual complexo?

➤ Seria a escola atual responsável por formar consumidores?

Não parece possível dizer que a escola atual seja desprovida de ideologia, se entendermos ideologia como um conjunto de crenças, de valores, de princípios que orientam o fazer. Sabemos que toda a política e a economia privilegia a sociedade do consumo. Logo, a escola, como as famílias sofre as consequências do consumismo. Basta lembrar o descarte dos livros, materiais solicitados que não são utilizados e, até mesmo, problemas com a merenda escolar.

Sugestão 3:

Não há provas baseadas no prodígio da memória nem na sorte da múltipla escolha. Como fazia meu velho mestre Geraldo França de Lima, professor de História (hoje romancista e membro da Academia de Letras), no dia da prova sobre a Independência do Brasil, os alunos traziam para a classe a bibliografia pertinente e, dadas as questões, consultavam os textos, aprendendo a pesquisar.

➤ Provas com consulta trariam vantagem para o ensino?

Certamente que sim, pois seriam momentos de aprendizagem em lugar de devolução de conteúdos.

SUGESTÃO 4:

Não há coincidência entre o calendário gregoriano e o curricular. João pode cursar a 5ª série em seis meses ou em seis anos, dependendo de sua disponibilidade, aptidão e recursos.

É mais importante educar do que instruir; formar pessoas que profissionais; ensinar a mudar o mundo que ascender à elite. Dentro de uma concepção holística, ali a ecologia vai do meio ambiente aos cuidados com nossa unidade corpo–espírito e o enfoque curricular estabelece conexões com o noticiário da mídia.

➤ Como ficaria a liberação de um estudante de 5º ano depois de seis meses? Ele iria para o 6º ano com colegas já mais adiantados?

A questão não parece ter uma solução simples, quando se pensa não numa escola com 200 alunos, mas num sistema com milhares deles.

SUGESTÃO 5:

Na escola dos meus sonhos, os professores são bem pagos e não precisam pular de colégio em colégio para se poderem manter. Pois é a escola de uma sociedade em que a educação não é privilégio, mas direito universal, e o acesso a ela, dever obrigatório.

➤ O autor deixa implícita a crítica à velha questão da remuneração dos professores que obriga muitos deles a assumir aulas em dois ou três períodos, comprometendo a preparação das aulas e a correção de trabalhos dos alunos.

Entretanto, na atual situação da educação brasileira, só salário não basta. Além de remuneração digna há que haver melhores condições de trabalho, melhor preparo dos professores e reconhecimento profissional seja do poder público, seja da sociedade.

PARA FINALIZAR...

A leitura "inocente", aquela do primeiro contato do leitor, pode levar à compreensão e, como dissemos, até mesmo à interpretação, dependendo de como o texto está posto, seja na sintaxe, na seleção lexical, no desenvolvimento do tema.

Essa possibilidade pauta-se na articulação do que vem explícito com o que está implícito e os conhecimentos prévios do leitor.

Ficar apenas na leitura das "linhas" não forma leitores, daí a importância de atividades e textos desafiadores, para que os alunos percebam o que vem nas "entrelinhas" e possam ir "além das linhas", articulando conhecimentos que eles têm, mais aqueles trabalhados pelo professor, no sentido de ampliar suas possibilidades de interpretação.

De toda forma, cabe reafirmar que a leitura crítica que leva à interpretação, mesmo com a contribuição de comentários e informações prévias do professor, fica na dependência dos esquemas mentais de cada leitor e, portanto, leva a resultados sensivelmente diferentes em uma sala de aula.

REFERÊNCIAS

CALVINO, Ítalo. **Se um viajante numa noite de inverno**. Trad. de Nilson Moulin, 2. ed.. São Paulo: Companhia das Letras, 2003. HOUAISS, Antonio. Dicionário eletrônico Houaiss da língua portuguesa. Rio de Janeiro: Objetiva. Versão 1.0. [CD-ROM] 2009.

JOUVE, Vincent. **A leitura**. Trad. de Brigite Hervot. São Paulo: Editora Unesp, 2002.

KAERCHER, Nestor André. Ler e escrever a geografia para dizer a sua palavra e construir o seu espaço. In: NEVES, Iara Conceição Bitencourt et al. (org.). **Ler e escrever.** Compromisso de todas as áreas. 8. ed. Porto Alegre: Editora UFRGS, 2007, p. 75-87.

ENCICLOPÉDIA KOOGAN HOUAISS DIGITAL. Rio de Janeiro: Delta, 1998.

MEURER, José Luis. Schemata and reading comprehension. Reading/Leitura. **Ilha do desterro**. Florianópolis, Editora da UFSC, n. 13, 1º semestre de 1985, p.31-46.

PEREIRA, Júlio César Rodrigues. **Análise de dados qualitativos**. São Paulo: Edusp/Fapesp, 1999.

SILVA, Ezequiel Theodoro da. **Criticidade e leitura**. Campinas: Mercado de Letras, 1998.

SUGESTÕES DE LEITURA

JOUVE, Vincent. **A leitura.** Trad. de Brigite Hervot. São Paulo: Editora Unesp, 2002.

KOCH, Ingedore Villaça; ELIAS. Vanda Maria. **Ler e compreender.** Os sentidos do texto. São Paulo: Contexto, 2006.

SMITH, Frank. **Leitura significativa**. Trad. de Beatriz Affonso Neves, 3. ed. Porto Alegre: Artmed, 1999.

5

Leitura no mundo contemporâneo e avaliação de leitura

5.1. UM NOVO CONTEXTO

Observando o contexto em que se dá o ensino na escola básica brasileira, deparamo-nos com duas realidades: uma sociedade que se confronta com dificuldades muito básicas, como falta de material de ensino, de segurança, enfim, de condições mínimas de trabalho, e com outra sociedade que proporciona a seus membros acesso a bens culturais de toda ordem.

Mas o fato é que a sociedade como um todo vem se desmaterializando, em razão da supervalorização da informação que tem como centro o contato das pessoas, mediado por equipamentos tecnológicos.

Dupas (2001, p. 52) nos apresenta, no plano econômico, um quadro que, naturalmente, deixa seus reflexos na leitura, de diferentes agrupamentos sociais. Na organização do quadro, o autor mostra a primeira fase como a da dominação da economia sobre a vida social que acarretou uma degradação do "ser" para o "ter", levando as pessoas a se interessarem, sobretudo, por ter bens de toda natureza, inclusive livros que não liam.

Em seguida, demarcando a segunda fase, operou-se um deslizamento generalizado do "ter" para o "parecer-ter", ou seja, parecer ter tornou-se mais importante que ter, de fato. E, na terceira fase, provavelmente a que estamos vivendo, às grandes massas excluídas da sociedade global, só restou o "identificar-se-com-quem-parece-ser-ou-ter", por meio do espetáculo, sequer vivo, mas "visto-à-distância", por meio das mídias globais que oferecem exibições instantâneas de todos os tipos e partes do mundo.

Assim, tudo o que era vivido diretamente torna-se uma representação. Sob todas as suas formas particulares – informação, propaganda, publicidade ou consumo de divertimentos –, o espetáculo constitui o modelo atual da vida dominante na sociedade. E, em meio a esse "espetáculo", o ensino da leitura na escola precisa ser repensado, se quisermos formar pessoas capazes de realizar comunicação eficaz.

É nessa sociedade complexa, de rumos ainda pouco claros, que se situa nossa escola e, nela, nosso trabalho com leitura em adequação ao novo contexto. Entre os meios mais aptos e eficazes para promover não apenas o contato com o mundo tecnológico, como também a discussão e avaliação de textos encontrados na Internet, situa-se a leitura.

Mas isso exige que os professores da disciplina Língua Portuguesa revejam, com muito cuidado e atenção, práticas que possam agregar novos recursos que sejam suficientes para auxiliar na superação das dificuldades e no atendimento aos novos tempos.

Por que cuidado e atenção? Porque facilmente pode-se notar a sedução que o mundo tecnológico vem exercendo sobre jovens e adultos, colocando em segundo plano a leitura crítica de textos que são facilmente copiados de sites de busca.

Como sabemos, a Internet oferece coisas interessantes, mas também muitas informações inverídicas ou indesejáveis que, de certa forma, ajudam na composição da sociedade do espetáculo, dando às pessoas a sensação de serem detentoras de muitas informações atuais ou, até mesmo, em primeira mão.

Entretanto, a história da leitura já nos mostrou que o temor pela televisão foi infundado, por isso acreditamos que o temor pela Internet seja mais um problema a ser superado com a maior difusão de equipamentos e com o tempo.

5.2. PRECONCEITO OU FALTA DE CONCEITO?

Parece incontestável que o volume e a velocidade de informações vêm alterando com rapidez padrões de cultura. Aspecto importante a ser considerado é a educação que, antes centrada na educação formal, associa-se atualmente a uma "educação" informal, gerada num processo permanente, aleatório e, por vezes, desordenado de informações que chegam em grande escala pelas mídias.

Na escola brasileira, em geral, ainda são encontrados profissionais que não têm familiaridade com o mundo tecnológico, o que não só dificulta a utilização de recursos dessa natureza, por vezes disponíveis em sala de aula, como também o diálogo com os alunos.

Investigação: Dados do Projeto Ideias Circulantes acerca da leitura e da escrita: significação (PUC-SP). Em 2011, o mesmo instrumento, aplicado na UnB - Brasília - DF, mostrou, ainda, indefinição quanto ao papel dos recursos tecnológicos na leitura e na escrita.

Contraditoriamente, no entanto, observamos que os jovens demonstram boa prontidão para o mundo tecnológico, mas não demonstram domínio do conceito de leitura.

Em investigação concluída em 2010, com jovens de cursos de graduação, verificamos que grande parte deles não reconhece a informação alcançada em sites e em e-mails, como leitura. Para eles a leitura está restrita ao suporte em papel.

Falta para eles um entendimento de que o ato de ler inclui, além do papel, objetos visuais, audiovisuais e digitais. Eles demonstram ignorar o que vem a ser "leitura de mundo", expressão difundida por Paulo Freire (1982) e repetida à exaustão em nossa sociedade, inclusive nas escolas.

Retomemos dois trechos da conferência do educador, realizada na abertura do Congresso Brasileiro de Leitura. No primeiro trecho, referindo-se à compreensão crítica do ato de ler, afirmou que ela "não se esgota na decodificação pura da palavra ou da linguagem escrita, mas se antecipa e se alonga na inteligência do mundo" (p.10-1). E, mais adiante, referindo-se a sua professora da "escolinha particular", diz que, "com ela, a leitura da palavra, da frase, da sentença, jamais significou uma ruptura com a leitura do mundo" (p.116).

Conferência do educador: evento realizado na abertura do Congresso Brasileiro de Leitura, realizado em Campinas, em novembro de 1981.

É fundamental que nossos estudantes entendam o que vem a ser leitura de mundo, uma vez que não se concebe mais o ato de ler apenas como decodificação, menos, ainda, como ato realizado só com suporte em papel. O suporte no qual vem expresso o texto verbal, visual, pictórico etc. é de suma importância na recepção da informação, mesmo quando transmitida digitalmente.

Assim, diante dos avanços enormes da tecnologia, já não se pode prescindir de alguns equipamentos que integram o mundo contemporâneo. Esse mundo precisa ser lido por nós e não pode ser ignorado pela escola, uma vez que o próprio computador de mesa, como dispositivo tradicional, talvez fique obsoleto em poucos anos, tamanha a variedade de dispositivos portáteis, leitores de texto, celulares etc. que não param de surgir.

E a facilidade de contato com um universo incalculável de informações escritas faz da leitura um processo de uso, praticamente, contínuo. Mesmo jornais, revistas e livros tendem a se tornar correntes e acessíveis em dispositivos digitais. Isso nos mostra que grande número de crianças e adolescentes de hoje, que têm acesso a esse mundo eletrônico, já se manifestam pela preferência da leitura em leitores digitais, deixando explícita a transformação cultural que se inicia.

A propósito, retomamos um trecho de Chartier (1998, p. 94-95), no qual ele relata um conflito entre pesquisadores americanos e franceses, a respeito da utilização do correio eletrônico. Os primeiros

> *acostumados a receber uma informação considerável e a não respeitar, em suas comunicações, nenhuma das convenções que regula, habitualmente a troca epistolar. Os segundos consideram que os primeiros ocupam a memória como se ocupa um território, de maneira ilegítima, e que, nas comunicações epistolares na tela é necessário preservar as fórmulas de polidez e de referência aos destinatários.*

Na leitura de Chartier, aí se estabeleceu um conflito de civilidade e de território em função das tensões profissionais geradas por práticas diferentes na definição de códigos e usos, que revelam tensões mascaradas.

Além disso, menciona o resultado de observações realizadas na Biblioteca Nacional da França, que levaram a admitir que já há leitores que não precisam do papel, lendo perfeitamente bem na tela, armazenando os textos no computador. E conclui:

> *Nos Estados Unidos, vê-se mesmo desenvolver a prática da leitura de conferências na tela do computador portátil, aberto pelo conferencista, como era o caderno ou a pasta de papéis. Isso define uma figura do leitor futuro? Talvez. (p. 95)*

Isso tudo nos permite conjeturar: se a realidade tecnológica da segunda metade do século XX respondeu por uma sociedade ansiosa em informação, a do século XXI vem tornando as pessoas ansiosas por novos equipamentos de informação e entretenimento.

5.3. LEITURA EM TEMPOS DE TECNOLOGIAS DA INFORMAÇÃO

Se a tecnologia da informação é uma realidade inegável, é também inegável que o leitor proficiente que foi formado na leitura em papel consegue ler com a mesma proficiência em dispositivos digitais.

Mas isso, provavelmente, não será motivo para exigir que as futuras gerações sejam preparadas apenas em papel para depois passarem para o dispositivo digital.

Acreditamos que haverá, de forma natural, a convivência do papel com o mundo digital, assim como a sociedade aprendeu a conviver com a televisão, muito questionada na década de 1960, especialmente pelos possíveis malefícios que causaria à educação escolar.

Entretanto não podemos deixar de lembrar que temos de contar com leitores críticos também nos dispositivos digitais, leitores que sejam capazes de estabelecer relações entre partes do texto ou entre segmentos hipertextualizados e o contexto situacional; leitores que identifiquem "marcas" explícitas e implícitas do enunciador; leitores que saibam questionar o que leem; leitores que consigam distinguir fontes confiáveis de fontes duvidosas. A esse propósito, remetemos ao Exemplo 1.

Embora nos pareça que a leitura encontrará seu caminho também no mundo tecnológico, tudo leva a acreditar numa mudança extraordinária já ocorrente, capaz de levar as novas gerações a posturas também novas diante do ato de ler, com o surgimento de uma nova forma de competência crítica, "que permita ao leitor, com mais propriedade, selecionar suas leituras e descartar informações inoportunas". Fischer (2006, p. 291) vai mais longe quando diz que "a leitura do futuro está sendo moldada também por novos equipamentos".

EXEMPLO 1

O leitor e as normas de etiqueta

Algumas normas de etiqueta na Internet
Veja, 24 de junho de 1998

Hábitos

Modos na rede — As regras de conduta para os internautas

Muita gente que envia mensagens ou participa dos sites de bate-papo pela Internet ainda não sabe, mas existe um código de etiqueta aceito pelos usuários mais experientes da rede. As normas são válidas para o mundo inteiro e estabelecem um padrão de cortesia para a correspondência eletrônica. As principais convenções estão no fichário abaixo, que não deve ser lido com grandes preocupações. Ele apenas lista o que de mais polido se pode empregar para manter uma troca de mensagens de alto nível pela Internet. Quem não as empregar não estará cometendo gafe alguma. Mas quem as utilizar mostrará refinamento acima do normal. No Brasil, há mais de 1 milhão de pessoas conectadas à Internet e, entre elas, metade usa a Internet preferencialmente para trocar mensagens. Milhares de novos usuários são cadastrados a cada semana. Uma pesquisa recente da Universidade Federal de Pernambuco mostra que, todo mês, mais de 65.000 brasileiros se ligam à Internet. "A aceitação das regras tem crescido no Brasil", diz Antonio Tavares, presidente da associação que reúne as empresas provedoras de acesso à rede no País.

Ninguém é obrigado a seguir o código de bom comportamento da Internet, mas quem o utiliza mostra mais preparo na troca das mensagens.

Algumas normas de etiqueta na Internet
O certo e o errado na troca de mensagens pela rede

- Mensagens em maiúsculas são consideradas ofensivas.
- Se desejar grifar uma palavra, escreva-a entre asteriscos.
- Não passe adiante mensagens ciruculares, como correntes da sorte, por exemplo.
- Por educação, responda às mensagens que receber em, no máximo, 24horas.
- Espere pela resposta. Se não a receber, é mais educado não insistir.
- Seja claro ao preencher o campo assunto para facilitar a leitura.
- Cite a fonte sempre que mandar arquivos indexados ao e-mail.
- Não abuse da objetividade. Resposta muito curtas são consideradas grosseiras.

Como todas as regras de etiqueta, as da Internet são um conjunto de convenções que surgiram não se sabe bem como e caíram no gosto dos usuários mais experientes. Palavras escritas em letras maiúsculas, por exemplo, são tidas como ofensivas porque se convencionou considerá-las o equivalente eletrônico do grito. Outras normas apareceram porque os programas originais de troca de mensagens não ofereciam muitos recursos gráficos. A forma correta de grifar uma palavra ou frase nas mensagens eletrônicas é escrevê-las entre asteriscos. Finalmente, há as que se baseiam no respeito ao computador alheio. Mandar mensagens circulares é incorreto porque sobrecarrega a rede e o micro do destinatário.

As regras de etiqueta da Internet têm um lado polido e um lado muito prático. Uma das convenções de caráter prático é a que estabelece prazo máximo de 24 horas para o envio de resposta a uma mensagem recebida. Caso a resposta não chegue nesse prazo, o recomendado é não insistir. É uma informação valiosa para aqueles que ficam ansiosos quando a resposta a uma mensagem sua não vem e acabam repetindo a mensagem meia dúzia de vezes. O preenchimento correto do campo "assunto" também é uma regra útil, pois ajuda o destinatário a localizar as mensagens que ele arquivar. Evite ainda responder a uma mensagem com palavras soltas e curtas, como "sim", "não" ou "talvez". Elas demonstram certo desprezo pela mensagem enviada. A regra básica é: nunca mande uma mensagem que você não gostaria de receber.

SUGESTÃO 1:

➢ Parece claro que existe a necessidade de um código de ética ou normas de procedimento para ser usado entre internautas. Mas, como leitor desse texto admite regras válidas para o mundo todo?

O relato de Chartier, mencionado no texto, parece apontar para a inviabilidade, pois culturas diferentes assumem procedimentos diversos.

SUGESTÃO 2:

➢ Como leitor de mensagens enviadas pela Internet, você se sente ofendido diante das letras maiúsculas?

Ao ler uma mensagem com uma palavra entre asterisco entenderia como sublinhada?

Talvez pudéssemos passar uma a uma das regras e ver como reagiríamos diante mensagens que não as observam. Por exemplo, mensagem toda em maiúsculas, normalmente interpretamos como desconhecimento do autor, não ofensa; palavra entre asteriscos, nunca prestamos atenção a isso, mas provavelmente ficaríamos sem entender.

SUGESTÃO 3:

➢ Será que um código de ética deveria ser fixo?

Diante da velocidade presente, nos parece que o leitor já está preparado para mudanças na linguagem digital. Parece que hábitos de leitura de mensagens são passados mais automaticamente que a partir de regras impostas.

5.4. AVALIAÇÃO DE LEITURAS

Entendemos que o professor-educador, assumindo-se como protagonista no processo de avaliação, nunca toma as ações avaliativas como um fim em si mesmas, sejam elas relacionadas ao texto em papel ou ao texto digitalizado.

Como em toda avaliação, nas atividades destinadas ao ensino da leitura é fundamental retomar os objetivos definidos para a unidade. Uma ressalva, entretanto, tem de ser feita: avalia-se a leitura desde que, pelo menos em parte, os objetivos tenham sido atingidos, pois sabemos que há atividades que são propostas para atingir determinados objetivos, mas que, por algum erro de cálculo do professor, não são atingidos. Nesse caso, é importante não avaliar, posto que, como toda atividade de avaliação, essa também demanda juízo de valor, que, além de sua complexidade natural, impõe ao professor a responsabilidade de transmitir ao aluno a informação de como ele procedeu em relação ao que foi realizado.

Diante da dificuldade natural da avaliação, nossa sugestão é, no caso da leitura, assumi-la como recurso metodológico, o que permite transformá-la em mais um momento de aprendizado para o aluno, momento que permite evidenciar, tanto para ele, quanto para o professor, aspectos bem-sucedidos no conjunto das atividades e dificuldades que terão de ser ainda superadas. Em especial, para o professor, ela poderá apontar para a escolha de outros textos, de outros procedimentos que dariam melhores resultados.

Assim, entendemos que uma avaliação produtiva é sempre aquela que assume um caráter transformador, que aponta novos caminhos, que faz o aluno e o professor crescerem.

Mas, tomar a avaliação de leituras como mais um momento de aprendizado, tem como condição a feitura de questões que levem o aluno a pensar, em lugar de esperar que ele apenas devolva o que foi trabalhado. Boa estratégia é formular questões que possam ser respondidas com consulta de materiais, em lugar de propor perguntas que levem a meras devoluções ou transcrições do que foi lido.

Outro aspecto a ser observado diz respeito a jamais avaliar leituras destinadas a despertar o gosto dos alunos pelos livros, por meio das tradicionais fichas de leitura ou por provas. A avaliação, nesse caso, não pode assumir o caráter de cobrança; antes tem de levar ao enriquecimento do repertório, ao realce a pontos interessantes.

Sabemos que em toda atividade de avaliação o professor pode escolher entre uma avaliação contínua, que permite um acompanhamento atento das atividades que compõem a unidade de ensino, ou uma avaliação após a execução completa da unidade.

A avaliação contínua, conquanto mais trabalhosa para o professor, permite um conhecimento mais apurado do desempenho dos alunos. De modo especial ela é desejável, quando a unidade de leitura for composta por um projeto que dura um tempo relativamente longo, pois permite ao professor verificar, ao longo do tempo, o envolvimento e o crescimento do aluno ao término de cada uma das atividades. Isso poderá ser feito por escrito ou oralmente, individualmente ou em grupo, em função da natureza da própria atividade.

Por outro lado, a avaliação realizada por escrito ou oralmente é beneficiada, sobremaneira, quando o professor dispõe de um conjunto de itens para observar e, naturalmente, para atribuir pontos, quando se tratar de avaliação quantitativa.

A avaliação oral costuma ser uma boa alternativa, pois abre espaço para que o aluno exponha seu pensamento, com maior desenvoltura, sobre o texto lido. Mas, de toda forma, tanto na avaliação oral, quanto na escrita, se o professor estabelecer, previamente, um pequeno elenco de critérios, conseguirá, com mais facilidade fazer sua observação a respeito do desempenho de cada aluno, além de dar certa homogeneidade ao processo.

Assim, na avaliação de determinado texto narrativo poderá, por exemplo, elencar itens como:

➤ contexto da narrativa;

➤ vocabulário do texto;

➤ traços físicos e psicológicos da personagem principal;

➤ papel das descrições na composição da narrativa;

➤ provocação de debate na sala etc.

➤ De toda, forma, considerando a árdua tarefa que é corrigir avaliações escritas de muitas salas, por vezes com grande número de alunos, julgamos importante que o professor reflita sobre alguns pontos, como, por exemplo:

➤ A avaliação de atividades de leitura, por escrito teria de ser feita sempre com toda a sala?

➤ Seria possível trabalhar alguns aspectos da leitura feita, deixando outros para nova oportunidade?

➤ Teria sentido a avaliação de pequenos textos orais ou escritos (parágrafos, respostas a perguntas, partes de relatórios de leitura)?

Uma das preocupações fundamentais manifestadas por professores ao tomarem contato com nossas propostas diz respeito à avaliação destas leituras. É muito comum ouvirmos perguntas do tipo "Como vou saber se o aluno leu, se não exijo resumos, fichas de leitura, etc.?" ou "E se o aluno mentir que leu o livro?" ou ainda "Como vou analisar a qualidade/ profundidade da leitura do aluno?" e assim por diante.

Antes de mais nada, nos parece que a preocupação dos professores — e não queremos dizer que não tenham boas intenções — é muito mais de controle do aluno do que de avaliação de um processo. Recuperar na escola e trazer para dentro dela o que dela se exclui por princípio — o prazer de ler sem ter que apresentar à função "professor-escola" o produto deste prazer — exige que se repense a avaliação não como controle de produtos, mas como re-visão do processo.

Neste sentido, nossa primeira preocupação foi "persuadir" os professores de que notas, pontos etc. são pouco representativos e de que, na verdade, nós professores mais facilmente lemos um romance pelo romance do que pelo trabalho que tenhamos que apresentar sobre ele. Relativizar os pontos atribuídos aos alunos, por suas atividades, foi o primeiro passo. A 'economia' com que os professores gastam os pontos de 1 a 10 em cada 'avaliação' é surpreendente. Parece que cada ponto é a "Moeda no 1 do Tio Patinhas" e que não pode ser desperdiçada. Estamos tentando, pois, deslocar o sentido de controle embutido na avaliação, tal como ela tem sido praticada na escola, para uma avaliação menos rígida e que, nesta atividade, considere a palavra do aluno de que leu o livro suficiente para "distribuição" de pontos, na forma que professores e alunos combinaram. O interessante é que, hoje, alunos e professores estão pouco preocupados em saber se ler dois ou três livros "vale" mais ou menos pontos na nota final. (GERALDI, 1997, p. 110-111.)

Esses autores permitem-nos elencar algumas sugestões de atividades avaliativas, a partir do objetivo da leitura e refletir sobre a leitura e sua avaliação.

SUGESTÃO 1:

Que diferença faz para você o aluno ter lido de fato ou apenas passar o olho em algumas partes do texto?

Leitura que não faz diferença não deveria ser pedida, pois ela não deve ter tido objetivo claro. Passar o olho pelo texto pode ser uma boa estratégia, antes de ler.

SUGESTÃO 2:

Pensando no processo de leitura, percebe uma melhora no desempenho de seu aluno, após determinadas leituras?

Nem sempre percebemos de imediato o resultado de uma leitura, mas é importante não perder de vista a leitura feita e seu(s) objetivo(s) ao longo do semestre, por exemplo.

SUGESTÃO 3:

Você entende como positiva uma avaliação de leitura sem nota? Ela poderia ajudar a descobrir o prazer de ler?

Parece que o aluno sempre espera ser avaliado, mas se o objetivo foi o contato com o livro, o despertar da descoberta da leitura, seria bom não dar nota, mas uma palavra de incentivo como: você foi muito bem, ou você foi bem, mas poderá melhorar ainda na próxima vez.

EXEMPLO 2

Objetivo:

Ler para gostar ou não gostar, ou para buscar o prazer de ler.

Proposta:

O professor prepara uma razoável lista de livros, levando em conta, naturalmente a acessibilidade a eles e solicita aos alunos a escolha de um livro para ser lido a cada mês durante o semestre letivo.

Entre os livros da lista é aconselhável que sejam mencionadas coletâneas de crônicas, de contos, livros finos e livros volumosos. Essa variedade procura atender, também, aos alunos que dizem não gostar de ler ou não dispor de muito tempo para leitura.

Cada aluno entrega seu Plano de Leitura semestral. (Seria muito produtivo que também o professor fizesse seu próprio plano e desse conhecimento à classe, colocando-se como parceiro no processo.)

Procedimentos:

Antes da data de apresentação das leituras do mês, o professor informa sobre os procedimentos esperados.

➤ Um aluno terá de cuidar do tempo de apresentação.

➤ Preferencialmente, a apresentação deve começar pelo professor e seguir com os alunos.

➤ Cada apresentação deverá ter a duração máxima de três minutos.

➤ Na apresentação, cada um relata sobre o livro lido: título, autor e conteúdo.

➤ Ao término de cada exposição, a classe é convidada a avaliar, tendo em vista:

✓ o relato em si: relevância das informações para a compreensão do conteúdo do livro e desempenho do apresentador;

✓ o cumprimento do tempo.

Observação: É sempre bom que o professor anote quais relatos causaram mais interesse na sala, e que acompanhe se os livros passam a circular na sala

PARA FINALIZAR...

Não há dúvida de que, em geral, diante de situações novas nos sentimos embaraçados. E, para muitos de nós, ainda há muita coisa nova no mundo digital.

O que parece consenso entre estudiosos de todas as áreas é a irreversibilidade do mundo digital. Entretanto, como ocorreu com qualquer inovação desde o aparecimento da escrita, há mais de cinco mil anos, ocorre certo medo ou desconforto, mas não demora muito para que a sociedade perceba que o velho pode conviver com o novo e organizam-se nichos próprios para cada um.

A leitura de textos digitais, conquanto ainda preocupe muitos pais e professores, em especial pela linguagem cifrada de determinados grupos, tem de ser reconhecida, discutida e avaliada como processo dependente do suporte tecnológico em que ocorre.

E, ao que tudo indica, a leitura dessa linguagem não chegará a atrapalhar o domínio da língua e a competência leitora dos alunos diante de textos tradicionais, especialmente se o professor solicitar a leitura de textos ou excertos que exemplifiquem variantes linguísticas regionais, digitais, individuais (como a de Saramago), entre outras.

REFERÊNCIAS

CHARTIER, Roger. **A aventura do livro:** do leitor ao navegador. Trad. de Reginaldo Carmello Corrêa de Moraes. São Paulo: Editora UNESP, 1998.

DUPAS, Gilberto. **Ética e poder na sociedade da informação**. De como a autonomia das novas tecnologias obriga a rever o mito do progresso. 2. ed. revista e ampliada. São Paulo: Editora Unesp, 2001.

FISCHER, Roger Steven. **História da leitura**. Trad. de Cláudia Freire. São Paulo: Editora Unesp, 2006.

FREIRE, Paulo. **A importância do ato de ler em três artigos que se completam**. São Paulo: Autores Associados/Cortez, 1982.

GERALDI, João Wanderley e FONSECA, Maria Nilma Goes da. **O circuito do livro e a escola**. In: GERALDI, João Wanderley. (org.). **O texto na sala de aula.** São Paulo: Ática, 1997.

SUGESTÕES DE LEITURA

CHARTIER, Roger. **A aventura do livro:** do leitor ao navegador. Trad. de Reginaldo Carmello Corrêa de Moraes. São Paulo: Editora Unesp, 1998.

FISCHER, Roger Steven. **História da leitura**. Trad. de Cláudia Freire. São Paulo: Editora Unesp, 2006.

MOLLIER, Jean-Yves. **A leitura e seu público no mundo contemporâneo**. Trad. de Elisa Nazarian. Belo Horizonte: Autêntica, 2008.

6

O que é e para que serve a escrita

6.1. A MEDIAÇÃO DO PROFESSOR DIANTE DO ATO DE ESCREVER

A troca de experiências teóricas e metodológicas tem sido um aspecto produtivo e central, mas não o único, em relação ao ensino sobre a produção textual.

Analisar e produzir textos diversos constitui uma oportunidade de repensar o ensino da produção textual com base em práticas de linguagem em conexão com gêneros textuais que permitem trabalhar a língua em uso, abrindo caminhos que levem o aluno a perceber uma real intersecção da vida escolar com a vida que corre além dos muros da escola.

Os próximos capítulos contemplam mais especialmente a produção escrita, ainda que não descuremos do ato de ler como processo de significação para desenvolver nossas atividades, uma vez que, como sujeitos fazedores da Educação que somos, precisamos, sempre, refletir criticamente sobre a nossa prática, também, respaldados por subsídios que nos levem à credibilidade de nossa própria competência profissional.

Certo é que trabalhar diferentes gêneros textuais com vistas à análise e produção de sequências tipológicas que os constituem instaura possibilidades que serão ampliadas na prática diária do professor, tendo em vista levar o aluno a um desempenho comunicativo mais adequado e mais eficaz.

Como a interação verbal se dá por meio de gêneros, artefatos culturais historicamente construídos, escrever um bilhete, preencher um cheque, redigir um requerimento, escrever um abaixo-assinado, redigir uma ata, escrever uma carta, fazer uma lista de compras ou um rol de ações a serem executadas etc. são tarefas que nos colocam diante de situações concretas que ultrapassam a simples redação escolar do tipo *Minhas férias*.

Longe de receitas prontas, o intuito aqui é dar início ao desejado constante (re)pensar sobre nosso fazer pedagógico no atinente ao ensino de redação.

Para que o professor possa ampliar seu repertório, é bom que ele mesmo vivencie os passos que compõem o ato de escrever, pois somente assim poderá avaliar, de fato, o que seus alunos vivenciam, quando são produtores de textos.

Começamos por uma perspectiva que nem sempre se inclui nas atividades voltadas à produção de textos: o processo de redigir.

É, talvez, por essa vereda que possamos conferir outros significados àquilo que realmente faz sentido em nossa prática como mediadores do ato de escrever.

6.2. O PROCESSAMENTO DO TEXTO: UMA BREVE RE-FLEXÃO SOBRE O ATO DE ESCREVER

As aulas de português, tradicionalmente, valem-se de uma perspectiva com a qual se pretende ensinar a redigir, priorizando três tipos de textos – o descritivo, o narrativo e o dissertativo. Podemos supor que esse ensino permite ao aluno diferenciar textos com características mais evidentes quanto aos aspectos descritivos, narrativos e dissertativos. Quando das exigências formais da escola (provas, exames vestibulares), espera-se que o estudante escreva redações, fazendo uso com precisão de cada um dos tipos mencionados aqui.

O ensino-aprendizagem de escrita parece restringir-se ao levantamento das características desses tipos de textos. Ora, categorizar a produção escrita não é ensinar redação. Assim, a escrita nem sempre é ensinada, embora seja cobrada, mediante exercícios baseados em técnicas convencionais restritas à identificação tipológica.

Muitas vezes, as aulas de produção se prestam mais à classificação e quantificação dos erros observáveis na superfície textual que os estudantes cometem, o que revela desconsiderar que, se nossos alunos já compõem textos, já têm suas próprias estratégias de produção textual escrita, bem como seu próprio ritmo de trabalho.

Mas, apesar de já saber, de certa forma, produzir textos, na prática, ao escrever algumas poucas palavras, por exemplo, o escritor inexperiente ou imagina já estar cometendo um erro, ou acha que já acabou de escrever. No primeiro caso, ele para de escrever a todo o momento para resolver dúvidas relativas a vocabulário, para reler e, em consequência, fica amargurado; no segundo caso, completa "a toque de caixa" a tarefa, achando que seu texto está pronto. Assim, ele age nos extremos: ou manifesta vacilação ao escrever, o que leva a uma sintaxe confusa e à falta de fluência, ou pensa que seu texto já está pronto, quando apenas está começando a escrevê-lo.

O professor que compreende esses procedimentos do estudante está mais habilitado a ajudá-lo na difícil tarefa de expressar-se por escrito.

Muitos estudantes creem que, para escrever um texto dissertativo, por exemplo, basta redigir uma ideia central, acompanhada de alguns parágrafos que apoiem essa ideia; para um texto narrativo, basta contar uma história com começo, meio e fim.

Na verdade, a maioria dos que escrevem consegue algum sucesso quando se dá conta de que é por meio de alguns procedimentos como a reflexão sobre o que se vai escrever, a coleta de matéria-prima para ter o que dizer, a produção de um esboço, as "n" releituras desse esboço (com ou sem parceria) e, às vezes, começar tudo da estaca zero. Isso explica por que trabalhar o processo de escrita exige do professor uma capacidade de ajudar seu aluno a utilizar, inventar e/ou adaptar as estratégias produtivas de criação textual.

O olhar voltado para o processo da escrita nasceu do trabalho de especialistas e do testemunho de escritores sobre seus processos de composição.

A seguir, vejamos o que alguns autores têm a dizer sobre a escrita:

6.3. PAINEL DE DEPOIMENTOS SOBRE O ATO DE ESCREVER

COMO ALGUNS ESCRITORES DRIBLAM O BRANCO

1. Escrevendo mais — para se livrar do desespero
Jorge Caldeira

2. Caminhando pelo centro da cidade
Maria Adelaide Amaral

3. Com um cigarro — e um tango
Lygia Fagundes Telles

4. Com muito trabalho — e transpiração
Patrícia Melo

(Folha de S. Paulo, 5-2, 8/10/1995 apud Cintra e Passarelli, 1998, p. 13)

5. Muita gente pensa que é fácil. É um engano. Escrever é muito difícil. É a coisa mais difícil do mundo. Tem hora, por exemplo, que você empaca numa frase, ou numa simples palavra, e não há santo que ajude. Mas o pior é quando você quer escrever e não sai nada. Aí é desesperador. Quando isso ocorre, a vontade que eu tenho é a de meter a cabeça na parede.
(Luiz Vilela, Para gostar de ler, v. 8. São Paulo: Ática, 1995, p. 9.)

6. Olha, eu trabalhava e tive que descobrir meu método sozinha. Não tinha conhecido ninguém ainda. Me ocorriam ideias e eu sempre me dizia: "Tá bem. Amanhã de manhã eu escrevo". Sem perceber que, em mim, fundo e forma é uma coisa só. Já vem a frase feita. Enquanto eu deixava "para amanhã", continuava o desespero toda manhã diante do papel branco. E a ideia? Não tinha mais. Então eu resolvi tomar nota de tudo que me ocorria. Contei ao Lúcio Cardoso, que então eu conheci, que eu estava com um montão de notas assim, separadas. Depois elas fazem sentido. Ele concordou. Estas

folhas "soltas" deram "Perto do Coração Selvagem".
(Clarice Lispector, entrevista concedida a Affonso Romano de Sant'Anna e Marina Colasanti para o arquivo do MIS. In: Escrita. São Paulo, Ano III, no. 27, 1978, p. 21.)

7. – *Como você definiria o ato de escrever?*
– Uma luta. Uma luta que pode ser vã, como disse o poeta, mas que lhe toma a manhã. E a tarde. Até a noite. Luta que requer paciência. Humildade. Humor. Me lembro que estava num hotel em Buenos Aires, vendo na TV um drama de boxe. (...) E de repente me emocionei: na imagem do lutador de boxe vi a imagem do escritor no corpo-a-corpo com a palavra
(Lygia Fagundes Telles, Para gostar de ler, v. 9. São Paulo: Ática,1984, p.7.)

8.ESCREVER
Pra escrever bem não é preciso muitas palavras, só saber como combiná-las melhor. Pense no xadrez.
(Millôr Fernandes. Millôr definitivo: a bíblia do caos. Porto Alegre: L&PM, 1994: 166-167.)

9. Foi um processo demorado, que amadureceu devagar. Quando resolvi experimentar escrever, não consegui da primeira vez. Escrevi uma história, não gostei. Escrevi de novo, não gostei, e desanimei. Eu estava descobrin-do que ler é muito mais fácil do que escrever. Mas quando a gente joga a toalha, entrega os pontos num assunto que sente que é capaz de fazer, fica infeliz, e acaba voltando à luta. Voltei a tentar, apanhei, caí, levantei – até que um dia escrevi uma história que, quando li de cabeça fria, achei que não estava ruim; com uns consertos aqui e ali, ela ficaria apresentável. Consertei e gostei do resultado. Animado, escrevi outras e outras histórias, nessa batalha permanente. Mas é uma batalha curiosa: as derrotas que a gente sofre nela não são derrotas, são lições para o futuro.
(J. J. Veiga, Para gostar de ler, v. 8. São Paulo: Ática, 1995, p. 7.)

10.Trabalho muito. Tenho de conciliar minha atividade de escritor com a de médico de saúde pública, e, além disto, meu método de trabalho é complicado. Parto de uma ideia qualquer – originária de uma figura real ou imaginada, de um incidente, de um fato histórico, de uma notícia de jornal – e sobre ela começo a escrever, ao acaso, trechos que podem ser o começo de uma história, ou o meio, ou o fim. Quando estas anotações chegam a um certo volume, redijo a primeira versão da narrativa. Sempre a mão. Acredito ser a mão um instrumento mais sensível para a palavra escrita. Depois é que datilografo, uma, duas, três ou mais vezes, até que o texto me pareça razoavelmente bom. Sou um perfeccionista que busca a palavra certa e o ritmo exato.
(Moacyr Scliar, Para gostar de ler, v. 9. São Paulo: Ática, 1984, p. 9.)

11. Após um princípio hesitante, sem norte nem estilo, à procura das palavras como o pior dos aprendizes as coisas parecem querer melhorar. Como aconteceu em todos os meus romances anteriores, de cada vez que pego neste (Ensaio sobre a cegueira), tenho vontade de voltar à primeira linha, releio e emendo, emendo e releio, com uma exigência intratável que se modera na continuação.
(José Saramago, Folha de S. Paulo, 5-1, 27/1/96)

12. (...) o inconsciente do leitor funciona igual ao do escritor: se você deixa fluir as palavras, o leitor entra em sintonia com esse fluir.
"A gente não pode escrever pensando na gramática. Só nós, os escritores, podemos fazer pressão para que deem um fim às regras absurdas. Entretanto, eu escrevo como tenho vontade e uma pessoa corrige os erros de ortografia."
Sua maior obsessão é conseguir que o leitor fique até o final. "O ideal, num texto jornalístico ou em qualquer outro, seria que o final de uma linha despertasse suspense para passar à linha seguinte. A literatura é uma carpintaria ou, como dizia Hemingway, um iceberg: vê-se só 10% mas o que sustenta tudo são os 90% escondidos."
(Gabriel García Márques, entrevista concedida a Luís Esnal, Folha de S. Paulo, 4-19, 9/1/98.)

13. – *Você escreve de novo, corrige muito seus trabalhos?*
– Quando escrevo sob encomenda, não há muito tempo para corrigir. Quando escrevo para mim mesmo, costumo ficar corrigindo dias e dias – uma curtição. Corrigir é estar vivo.
(Paulo Mendes Campos, Para gostar de ler, v. 3. São Paulo: Ática, 1979, p. 7-8.)

14. – *Você escreve de novo, corrige muito seus trabalhos?*
– A vida inteira escrevi para a imprensa, e nunca houve tempo para corrigir. Mas corrigir sempre melhora. E corrigir quer dizer mudar uma palavra ou outra, e cortar muitas.
(Rubem Braga, Para gostar de ler, v. 3. São Paulo: Ática, 1979, p. 7-8.)

15. Antes, escrevia de um fôlego, depois retrabalhava muitas vezes, até me dar por satisfeito. Hoje, vou mais lento, trabalho por parágrafos. Só sigo depois de considerá-lo pronto. A última fase é trocar palavras, encontrar sinônimos adequados ao ritmo e tempo das frases o ato de escrever.
(Ignácio de Loyola Brandão, Para gostar de ler, v. 8. São Paulo: Ática, 1985, p. 6.)

16. – *Você escreve de novo, corrige muito seus trabalhos?*
– Para mim o ato de escrever é muito difícil e penoso, tenho sempre de corrigir e escrever várias vezes. Basta dizer, como exemplo, que escrevi 1.100 páginas datilografadas para fazer um romance no qual aproveitei pouco mais de 300.
(Fernando Sabino, Para gostar de ler, v. 3. São Paulo: Ática,1979,p.7-8.)

> 17. – *Como é o seu sistema de trabalho?*
> – Sistema nenhum. Escrevo de vez em quando. A mão. A máquina. Em qualquer lugar. Não tenho biblioteca nem gabinete de trabalho. Erro demais. Dificilmente acerto uma história na primeira redação. Se não tivesse a chance de reescrever, preferia não escrever. E não tenho a menor vergonha de confessar que já refiz algumas histórias mais de dez vezes sem conseguir melhorá-las.
> (Wander Piroli, Para gostar de ler, v. 9. São Paulo: Ática, 1984, p. 11)

Esse painel metaforiza as diferentes etapas do ato de escrever à moda de um panorama geral. Ao longo dos demais capítulos, os passos que compõem o processo da escrita serão explicitados com mais especificidade.

6.4. VIRANDO O JOGO DO ENSINO DA ESCRITA: DO PRODUTO PARA O PROCESSO

Defendemos a perspectiva de que cabe ao professor assumir um papel de *incentivador* e *organizador* da produção escrita de seus alunos. Para isso, é preciso levar em conta uma proposta teórico-metodológica que considere o *processo da escrita*, descartando aquelas que trabalham tão somente sobre o texto acabado, ou seja, o texto *produto*.

A leitura dos vários depoimentos sobre o ato de escrever nos leva a destacar um aspecto que merece ser reiteradamente contemplado em nossas aulas: é preciso romper com a ideia de dom, revelando que, pelo contrário, o escrever exige esforço, suor, trabalho... Discussão sobre a falsa ideia de que o ato de escrever esteja ligado a um *dom especial*, o que, muitas vezes, acaba por criar barreiras para o aluno diante da escrita.

Outro aspecto a ser destacado diz respeito às aulas de redação, desde a já tradicional restrição à tipologia textual, classificando os textos em três tipos (narração, descrição e dissertação), até à falta de sistematização para um ensino eficaz da escrita.

Observe-se que a escolha dos textos-depoimentos não foi aleatória. A razão de ser da ordem de como foram compiladas as declarações dos autores ditos consagrados reside na possibilidade de mostrar as etapas do processo da escrita, uma vez que, no geral, todos seguimos algum tipo de roteiro para a tarefa de escrever.

6.5. CONHECENDO AS ETAPAS DO PROCESSO DO ATO DE ESCREVER

Na produção de um texto adequado, há que se ter em mente que isso só é possível em decorrência de um trabalho extenso e árduo para o qual muito empenho e dedicação são requeridos. Existem muitos estudos sobre o modo de ensinar a escrever, nos países de língua anglo-saxã, seja atendendo ao modo *literário* que se refere à escritura de um poema, de um conto etc., textos que exigem criatividade do autor; seja atendendo ao modo expositivo que, embora possa corresponder a uma atividade criativa de ideias, não se centra na criatividade.

Por ora, não nos ocuparemos especificamente de um dos modos de escrever. Vamos apresentar considerações mais gerais.

Na concepção do sujeito comum, percebe-se que ele tem algumas ideias referentes ao esforço e às angústias que fazem parte do ato de escrever. No entanto, na maioria dos casos, ele atribui as dificuldades como próprias de escritores falidos, sem se dar conta de que mesmo escritores bem-sucedidos as enfrentam.

Para que se possa aprender a realizar textos satisfatórios, é preciso compreender que todo e qualquer texto, independentemente do gênero, é resultado de muitas operações realizadas por etapas, o que difere, naturalmente, de um objeto pronto e acabado. Daí a possibilidade de ensinar a escrever com mais proficiência, porque é possível dividir o processo da escrita em atividades, cada uma das quais realizadas por meio de técnicas e procedimentos específicos.

Podemos dizer que há um consenso por parte dos teóricos preocupados com o ensino da escrita quanto à possibilidade de se ensinar–aprender a desenvolver uma redação a partir da distinção das várias fases progressivas que implicam a realização do texto escrito, desde que essas fases sejam trabalhadas uma de cada vez.

Para que isso seja viável, apresentamos, agora, uma sugestão de roteiro para a produção de texto escrito, mas advertimos que as partes que compõem o roteiro-sugestão serão retomadas mais detalhadamente.

Roteiro para produzir o texto escrito

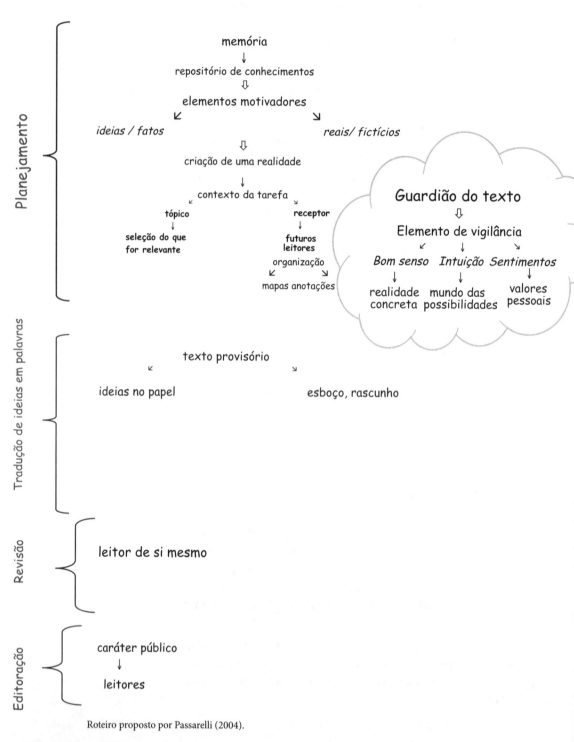

Roteiro proposto por Passarelli (2004).

ETAPAS DO PROCESSO DA ESCRITA

Para tratar das fases que compõem o processo de escrever, tomaremos como ponto de partida o roteiro-sugestão para um trabalho de conexão entre os subsídios que o painel de textos nos oferece e a teoria sobre o processo da escrita.

> **DESAFIO DA PÁGINA EM BRANCO**
>
> Os primeiros depoimentos falam do desafio inicial – a página em branco – que, para alguns, é contornado por fatores de ordem externa (depoimentos 2 e 3). A princípio, poder-se-ia ter a impressão de que os escritores estão em busca de "inspiração", mas, na verdade, eles parecem mais estar planejando suas ideias mentalmente, o que não requer que o façam no local de trabalho. Já os depoimentos 1 e 4 estão mais ligados ao enfrentamento desse desafio de pôr, de fato, "a mão na massa", com mais trabalho, pois, muitas vezes, a página em branco leva o indivíduo a crer-se incapaz de começar a escrever e ele acaba sequer sem iniciar. Os escritores dos depoimentos 1 e 4 lutam contra isso, empenhando-se ainda mais.

> **A DIFÍCIL TAREFA, DA BATALHA, QUE É O ATO DE ESCREVER**
>
> O depoimento 5 fala da dificuldade "desesperadora" do ato de escrever, apresentando como empecilho bloqueios localizados ("você empaca numa frase, ou numa simples palavra").
>
> O depoimento 6 (da Clarice) também fala do desespero do papel em branco.
>
> O 7 trata da luta propriamente dita e da paciência, pois o processo da escrita rechaça a pressa. O depoimento 8 trata da escritura não só fazendo referência à questão da dificuldade, mas também à paciência, ao estabelecer uma analogia com o jogo de xadrez, quando fala em saber combinar melhor as palavras, dispensando-se o conhecimento de um vocabulário muito extenso. O xadrez é considerado um dos jogos mais difíceis, e, como na escritura, o indivíduo atua sozinho, necessitando de muita reflexão e concentração. O depoimento 9 mostra, ainda, que o método de cada um pode ser alterado com o passar do tempo.
>
> Até aqui, tivemos declarações mais gerais acerca do ato de escrever. Iniciam-se, agora, os depoimentos que falam mais diretamente sobre as etapas do processo da escritura. Esses depoimentos serão comentados a partir das partes que apresentamos no roteiro-sugestão.

> **PLANEJAMENTO**
>
> Além de o depoimento 6, da Clarice, que fala do desespero do papel em branco, há o acréscimo de um dado novo quanto à geração de ideias: anotações esparsas que, embora não apresentem um fio condutor lógico, inicialmente, podem ser ordenadas e delas surgir um texto. A seleção do que for relevante, que é um procedimento específico que diz respeito à organização, faz parte de uma das etapas do processo da composição escrita: o **planejamento**.

> **TRADUÇÃO DE IDEIAS EM PALAVRAS**
>
> O depoimento 9 trata da escritura como um processo individual que é conquistado por tentativas – ensaio e erro –, um processo recursivo que acaba por levar o escritor a encontrar o seu próprio método.
>
> O depoimento 10 fala mais claramente sobre o próprio método do indivíduo, mostrando o ponto pelo qual o escritor inicia seu texto, ao resgatar elementos motivadores de sua memória – uma ideia ou um fato, reais ou fictícios – e, sobre um desses elementos, começar a escrever de qualquer jeito (anotações que estão no **planejamento**). Ao mencionar que redige a primeira versão do texto, quando as anotações chegam a certo volume, Moacyr Scliar está se referindo a etapa seguinte do processo da escritura: à elaboração de um texto provisório que já faz parte da **tradução de ideias em palavras**. A reescritura, por sua vez, já pode fazer parte tanto da **revisão** como da **editoração**.

REVISÃO

O depoimento 11 refere-se à hesitação de todos nós (inclusive de escritores como Saramago) frente à tarefa de escrever e faz referência não só à **revisão** como à **editoração**.

O depoimento 12 menciona uma preocupação com a figura do leitor (que ainda diz respeito ao contexto da tarefa que, por sua vez, inclui-se no **planejamento**). Embora um tanto utópico e "dramático", ao propor um fim às regras, García Márques toca num aspecto fundamental: a correção gramatical. Observe-se que esse aspecto só entra mais precisamente na **revisão** do texto. (E muitos de nós, professores, consideramos que estamos corrigindo os textos de nossos alunos, quando apontamos apenas os erros que vão de encontro aos postulados da gramática normativa...)

O 13 apresenta duas perspectivas: escrever como obrigação = pouca correção; escrever por prazer = muita correção. Isso decorre do fato de que o escritor experiente já sabe que quanto mais ele altera seu texto, melhor ele fica. O depoimento 14 reitera o 13 e acrescenta a questão da seletividade.

EDITORAÇÃO

O depoimento 15 retoma as duas etapas anteriores – tradução de ideias em palavras e revisão – e mostra, também, a recursividade que é própria do processo da escritura, até mesmo quando se supõe que o texto esteja editorado.

O 16 retoma a revisão e aponta a necessidade de saber ser seletivo, tirando, sem dó nem piedade, o que porventura possa estar, no dizer popular, "enchendo linguiça".

No depoimento 17, Wander Piroli diz que não tem nenhum sistema para escrever, mas isso está ligado aos procedimentos do indivíduo sistemático (escrever a/à mão ou a/à tinta, neste ou naquele lugar, o que para alguns faz diferença). Mesmo depois de o texto estar editorado, o escritor o refaz sempre buscando melhorá-lo e não é toda vez que ele alcança seu propósito.

Com a explanação das declarações constantes no painel, podemos perceber com mais clareza as quatro etapas que compõem o processo da escrita:

➤ PLANEJAMENTO: etapa que pouco os estudantes conhecem, tampouco a utilizam. Em geral, ou iniciam a redação logo que recebem o tema a ser desenvolvido, ou aguardam por uma inspiração (às vezes, mordendo a caneta, "olhando para o tempo"). Esperar pela inspiração, caso ela não esteja associada a um raciocínio ativo sobre a redação, é perder tempo.

➤ TRADUÇÃO DE IDEIAS EM PALAVRAS: etapa em que se dá mais efetivamente a produção das ideias que sustentarão a feitura do texto. Aqui, o escritor põe suas ideias no papel, o que se configura como uma primeira versão de seu texto provisório. Esse esboço inicial do texto está mais voltado à gênese das próprias ideias.

➤ REVISÃO: etapa contra a qual os alunos mais se rebelam, apesar de ser o passo fundamental para a produção de um texto. É uma etapa que, em geral, é descuidada na escola, pois é frequente observar que os rascunhos das redações apresentam poucas correções; muitas vezes, as redações passadas a limpo em quase nada diferem dos rascunhos. Isso se deve à rapidez com que os textos são relidos, o que não dá margem a uma leitura crítica. O intuito principal é o de constatar se as ideias foram expressas de modo organizado, claro e coerente. Mesmo que a revisão se deva a um mecanismo de ordem intuitiva, ou inconsciente, esse processo denota uma preocupação do redator em adequar seu texto ao destinatário-leitor, bem como à finalidade preestabelecida. No contexto escolar, entretanto, a preocupação com a finalidade, em geral, restringe-se à avaliação. Pode-se repetir o processo de revisão uma ou várias vezes, o que contribui para a melhora da forma final do texto que, normalmente, é revisado pelo próprio autor. Nesse caso, um intervalo de tempo entre a composição e a revisão pode mudar o texto para melhor. Além disso, a elaboração de várias versões com base nas correções feitas, não só pelo professor, mas também pelos colegas, pode ser mais uma significativa contribuição para a feitura de um texto.

➤ EDITORAÇÃO: etapa em que o redator dá acabamento a seu texto em função de quem o lerá, de onde veiculará. Apesar de se tratar da configuração da forma final do texto, é bastante frequente a ocorrência de alterações de vários tipos também aqui.

SUGESTÃO DE ATIVIDADE ESCRITA

E para você? O que é escrever?

Uma atividade interessante que tem sido aplicada em sala de aula e se configura na explanação desses e de outros depoimentos sobre o que é escrever. Claro que, dependendo do perfil da turma, o professor pode selecionar apenas alguns. Na sequência, o professor solicita aos estudantes que redijam um depoimento sucinto e de cunho pessoal sobre o ato de escrever. Conforme os alunos vão terminando, o professor [ou o próprio aluno] encaminha o texto para um colega que também já tenha redigido seu depoimento. A orientação é que ambos façam as vezes de correvisor um do outro. Depois disso, os alunos se reúnem em grupos de, no máximo, cinco pessoas. Por fim, elegem um depoimento – o mais representativo em relação ao que seja escrever – para ser socializado com os demais colegas.

PARA FINALIZAR...

Para a viabilidade de um olhar menos achista diante do ensino da escrita, o professor precisa experimentar para refletir. Experimentar, fazendo. Isso implica que ele próprio, para poder ensinar eficazmente, tem de saber produzir textos com adequação à situação em que circulam. Como é possível ensinar o que não se sabe, o que não se pratica?

Como já dissemos, não nos propomos a dar receitas, mas a propiciar um espaço reflexivo a partir do qual o professor constrúa sua própria prática, elaborando o seu próprio material ou, então, adaptando-o às suas condições reais, ao seu modo de ensinar. E, para que o professor possa ampliar seu repertório, é bom que ele mesmo vivencie os passos que compõem o ato de escrever, pois somente assim poderá avaliar, de fato, o que seus alunos vivenciam, quando são produtores de textos

REFERÊNCIA

PASSARELLI, Lílian Ghiuro. **Ensinando a escrita**: o processual e o lúdico. 4. ed. revista e ampliada. São Paulo: Cortez, 2004.

SUGESTÕES DE LEITURA

LANDSMANN, Liliana Tolchinsky. **Aprendizagem da linguagem escrita**. Processos evolutivos e implicações didáticas. Trad. de Cláudia Schilling. São Paulo: Ática, 1995.

MESERANI, Samir. **O intertexto escolar**. São Paulo: Cortez, 1995.

PASSARELLI, Lílian Ghiuro. **Ensinando a escrita**: o processual e o lúdico. 4. ed. revista e ampliada. São Paulo: Cortez, 2004.

7

O papel da leitura e o contexto de produção do texto escrito

7.1. A INFLUÊNCIA DA LEITURA NO PROCESSO DE PRODUÇÃO DA ESCRITA

São muitos os fatores que contribuem como matéria-prima para a escrita, o que pode ser exemplificado com a resposta de Millôr Fernandes dada ao entrevistador Roberto Marinho de Azevedo:

– Como aparecem as ideias? Quais são suas motivações?

Millôr - "Qualquer coisa. Uma conversa, uma leitura, uma fita de cinema. Tudo que estimule intelectualmente. Ou até nada. Eu deveria, mesmo, possuir um gravador no banheiro. Tenho ideias ótimas debaixo do chuveiro. Deve ser o jato de água. Os melhores desenhos, os mais livres são os que faço distraído, enquanto estou falando ao telefone. Quando ponho o papel na prancheta, sei que aquela folha custa 50 cruzeiros. Por maior que seja a liberdade a gente acaba fazendo o que já sabe.

Millôr Fernandes: grande cartunista, humorista, dramaturgo, escritor, tradutor. Um dos fundadores do jornal "O Pasquim" e um ferrenho lutador pela liberdade, escreve há muitos anos na revista "Veja" e se intitula enfim um escritor sem estilo. Disponível em: <http://www.tvsinopse.kinghost.net/art/m/millor1.htm>. Acesso em: 28 mar. 2011.

Série   A reflexão e a prática do ensino

Quando estou falando ao telefone, não. Por isso me acostumei a não jogar nada fora. Guardo e, de vez em quando, revejo. É muito comum aproveitar essas anotações, anos depois, para um desenho acabado". (Fonte: Veja, 28.5.75, p. 3. Disponível em: <http:// veja.abril.com.br/acervodigital/home.aspx > Acesso em: 17.7.11.)

Apesar da irreverência, Millôr apresenta uma variada gama de fontes onde bebe para criar. Mas, indiscutivelmente, a leitura costuma ser tida como a principal guarnição para a escrita. A esse respeito, vejamos o que o excerto trazido de Bianchetti (1997, p.18-21) nos diz:

Frei Betto:
frade dominicano, nascido em Belo Horizonte (MG), estudou jornalismo, antropologia, filosofia e teologia. Seu livro "A noite em que Jesus nasceu" (Editora Vozes) ganhou o prêmio de "Melhor Obra Infanto-Juvenil" de 1998, concedido pela Associação Paulista de Críticos de Arte. Em 2005, o júri da Câmara Brasileira do Livro premiou-o mais uma vez com o Jabuti, agora na categoria Crônicas e Contos, pela obra "Típicos Tipos – perfis literários" (Editora A Girafa). Disponível em: <http://www. freibetto.org/index.php/ sobre-frei-betto>. Acesso em: 30 mar. 2011.

Ontogenético:
referente à ontogenia. Desenvolvimento de um indivíduo desde a concepção até a maturidade; ontogênese.

Por que escrevo?
Frei Betto

Escrevo para construir minha própria identidade. Tivesse sido criado por lobos, será que eu me sentiria lobo no mundo? A identidade é também reflexo de um jogo de espelhos. Se pais e mestres me tivessem incutido que sou tapado para as letras, e não me restasse outra alternativa senão trabalhar no fundo de minas, talvez hoje – se houvesse sobrevivido – eu fosse um mineiro aposentado.

Minha experiência, porém, foi diferente. Os espelhos reluziram em outras direções. Já trazia em mim o fator filogenético. Meu pai escreve crônicas. Minha mãe publicou seis livros de culinária. O gato da casa não escreve; mas, pelo jeito, gosta de ler, a julgar pelo modo como se enrosca em jornais e revistas.

Veio, então o fator ontogenético. Segundo ano primário, Grupo Escolar Barão do Rio Branco, Belo Horizonte. Dona Darcy Passos, que me ensinou o código alfabético, entra em classe sobraçando nossas composições. (Bonito: composição. Promove a escrita em nível de arte poética e musical). A professora indaga aos alunos: "Por que não fazem como o Carlos Alberto? Ele não pede aos pais para redigirem suas composições". A palavra elogiosa pinçou-me do anonimato, inflou meu ego, trouxe-me um pouco mais de segurança na tarefa redacional.

Tornei-me ávido leitor. Monteiro Lobato, coleção "Terramarear", o Tesouro da Juventude. Não lia com a cabeça, e sim com os olhos. O texto se fazia espelho e eu via meu próprio rosto no lugar do perfil anônimo de autor. Mais do que o conteúdo, encantavam-me a sintaxe, o modo de construir uma oração, a força dos verbos, a riqueza das expressões, a magia de encontrar o vocábulo certo para o lugar exato. (...)

Escrevo para lapidar esteticamente as estranhas forças que emanam do meu inconsciente. Aos poucos, fui descobrindo que nada me dá mais prazer na vida do que escrever. Condenado a fazê-lo, sou candidato à prisão perpétua, desde que possa produzir meus textos. Aos candidatos a escritor, aconselho este critério: se consegue ser feliz sem escrever, talvez sua vocação seja outra. Um verdadeiro escritor jamais será feliz fora deste ofício. (...)

Escrevo, enfim, para extravasar meu "sentimento de mundo", na expressão de Drummond. Tentar dizer o indizível, descrever o mistério e exercer, como artista, minha vocação de clone de Deus. Só sei dizer o mundo através das palavras. Só sei apreender este peixe sutil e indomável – o real – através da escrita. É minha forma de oração.

7.2. O PROCESSO DA ESCRITA FOMENTADO POR OUTRO: O DA LEITURA

Muito se fala sobre o fato de ser a leitura um fator que contribui para uma melhora na escrita. Muito se fala, mas não é comum termos acesso a dados concretos que sustentem essa ideia, a não ser depoimentos como o de Frei Betto que ainda toca num ponto nevrálgico: a atitude da mestra serviu de estímulo para ele vir a ser um ávido leitor – e aqui temos um testemunho do "poder" que está nas mãos do professor.

Para termos uma noção mais precisa sobre a leitura influindo positivamente na escritura, recorreremos a uma fonte de pesquisa voltada ao processo de escrita: trata-se do norte-americano Krashen (1984) que desenvolveu seus trabalhos na linha processual. O estudioso analisou uma série de pesquisas e observou que algumas revelaram que existe uma correspondência expressiva, positiva, entre leitura voluntária e desenvolvimento da habilidade de escrever, reiterando o que nos revelou Frei Beto. O pesquisador verificou que a prática frequente da leitura contribui para o melhoramento do texto escrito do estudante e que o estudo da gramática normativa não apresenta uma contribuição significativa para o uso da língua escrita. Na prática escolar, vemos, no entanto, uma incidência muito grande de ocupação com a correção gramatical, muitas vezes roubando a cena de atividades de leitura crítica dos enunciados ou de outros textos que oferecem matéria-prima sobre o que escrever.

Independentemente do nível de escolaridade, há também praticamente um consenso entre os próprios estudantes em relação aos subsídios que a leitura proporciona, como comprova o texto do exemplo a seguir, extraído do Caderno Especial da Folha de S.Paulo (12.05.2002), por ocasião do exame de meio do ano da Fuvest.

EXEMPLO 1

Para estudantes, melhor exercício é hábito de leitura.
Da Reportagem Local

Com ou sem dificuldade para escrever, os estudantes ouvidos pela Folha são unânimes em afirmar que o melhor exercício para uma boa redação é desenvolver o hábito da leitura.

Djanelene Cristina Amâncio, 20, reclama da coerência do próprio texto. "Até tenho ideia do que escrever, mas não consigo passar para o papel", diz a vestibulanda.

Após tentar duas vezes, sem passar da primeira fase, Lilian Renata Fiorelli, 20, conseguiu entrar em medicina na USP neste ano. Para ela, redação sempre foi um problema. "Passei o ano inteiro em cima disso."

Uma das recomendações de Lilian é que os candidatos não exercitem uma única forma de texto. "Levei um choque na hora da prova. O tema era pessoal, sobre os nossos formadores. Como só havia treinado textos em terceira pessoa, escrevi dessa forma, mas acredito que teria ido melhor se o texto estivesse em primeira pessoa."

Segundo a consultora de português da Folha, Thaís Nicoleti de Camargo, não se recomenda o uso da primeira pessoa do singular em dissertações. "Mas isso é antes um artifício didático que uma norma ou regra a ser seguida. O emprego da terceira pessoa permite um distanciamento maior em relação ao tema e, assim, favorece a análise objetiva."

> Para André Araújo de Matos Novaski, 18, que estuda direito e diz ter facilidade para escrever, os temas costumam ser polêmicos, para os alunos mostrarem sua opinião. "Acho que o vestibulando tem que dar sua opinião sem ser radical e sem ficar 'em cima do muro.'"
>
> *Fonte: FOLHAPRESS.*

Além da unânime opinião sobre a influência da leitura, vejamos exemplos sinalizados por essa reportagem que merecem atenção:

Sugestão 1:

Djanelene declara não estar satisfeita com a coerência de seu texto, pois, apesar de ter ideia não consegue passar para o papel. Considerando o que vimos até o momento, em especial em relação ao roteiro (Capítulo 6), que orientações podemos dar a esse tipo de problema?

Como a aluna não menciona algo sobre os procedimentos dos quais se vale para produzir o texto, além de ela considerar que tem matéria-prima, o problema parece mais localizado em termos de ela não ser detentora de técnicas referentes ao processo da escrita. O planejamento, certamente, ajudaria essa moça, pois é necessário algum tipo de organização para que o produtor do texto não se "perca" durante o processo de produção.

Sugestão 2:

Por que a estudante de medicina recomenda o exercício de outras formas de texto? O que ela entende por "forma de texto"?

Parece que a aluna chama de forma de texto o que se refere à escolha de pessoa verbal, o que não quer dizer que escrever em 1ª pessoa mude o projeto de dizer do autor, tornando-o mais ou menos argumentativo. Em proposta de redação da Fuvest (2002), o ponto de partida se configurou na seguinte questão: "Como você avalia os responsáveis por sua formação, ou seja, seus pais e familiares, professores, orientadores religiosos, líderes políticos, intelectuais, autoridades etc.?".

Como a matéria-prima do texto se baseia na opinião pessoal do aluno, isso pode ter gerado a impressão de que teria de ser obrigatoriamente escrito em 1ª pessoa. Mas é perfeitamente possível escrever sobre essa proposta em 3ª pessoa e ainda assim a opinião do produtor ficar claramente expressa.

Sugestão 3:

No último parágrafo dessa mesma proposta, orienta-se que o aluno, ao "tratar do tema, redija, com sinceridade e plena liberdade de opinião, uma dissertação em prosa, em linguagem adequada à situação, procurando argumentar com pertinência e coerência". Observe-se que escrever "com sinceridade e plena liberdade de opinião" não implica necessariamente a escolha de uma dada pessoa verbal. A recomendação sobre uso da "linguagem adequada à situação" vai mais na direção de um registro formal, o que pode ser feito em 1ª pessoa do singular.

Um texto baseado na experiência pessoal do aluno é tão argumentativo quanto os que são solicitados sobre temas de natureza política, social. A diferença em termos de qualidade estaria muito mais voltada em como a avaliação do aluno é elaborada adequadamente à situação, o que não exime o candidato de registrar sua opinião pessoal. O efeito de sentido do uso da 1ª pessoa pode ser o de mostrar maior aproximação do produtor do texto com o leitor ou, ainda, de revelar um maior grau de comprometimento do produtor com o seu próprio dizer.

Sugestão 4:

Se o texto dissertativo é um texto reflexivo, que admite, portanto, ao redator expressar sua opinião, por que a consultora do jornal desaconselha textos em 1ª pessoa?

Ainda que se trate de um texto em que a expressão da opinião de quem redige seja absolutamente válida, a consultora considera que a impessoalidade é mais indicada, por conta do efeito de sentido de certo "distanciamento" que o uso da 3ª pessoa propicia, o que parece contribuir para que o encadeamento lógico das ideias se evidencie na estrutura do texto e sirva para levar o leitor a acompanhar esse percurso rumo à conclusão com a qual o autor pretende encerrar seu texto.

Sugestão 5:

A opinião de André, que está no final da reportagem, é de alguém que julga ter facilidade para a escrita. O que ele quer dizer com "dar sua opinião sem ser radical e sem ficar 'em cima do muro.'"? Isso é relativo a quê?

Como vimos anteriormente, a modalização é o cuidado do emissor em relação ao conteúdo do que diz, incluindo, para tanto, não só como ele se posiciona diante do que diz, mas como é dito.

Em outras palavras, procuramos dotar nossos enunciados de determinada força argumentativa.

Ora, toda língua possui, em sua Gramática, mecanismos que permitem indicar a orientação argumentativa dos enunciados: a argumentatividade, diz Ducrot, está inscrita na própria língua. É a esses mecanismos que se costuma denominar marcas linguísticas da enunciação ou da argumentação (como se pode ver, tomada aqui em sentido amplo). Outras vezes, tais elementos são denominados modalizadores – também em sentido amplo – já que têm a função de determinar o modo como aquilo que se diz é dito. (KOCH, 1992, p. 29)

A própria perspectiva referente à opção por pessoa verbal pode ser um recurso modalizador, uma vez que o emprego estratégico desta ou daquela pessoa pode também ter a finalidade de atenuar o grau de comprometimento do que é dito.

Como vimos no Exemplo 1, o processo de composição difere de bons escritores para escritores imaturos: os primeiros detêm mais e melhores procedimentos para colocar suas ideias no papel (já por eles testados e aprimorados) do que os segundos, porque os escritores mais experientes apresentam uma substancial diferença que implica: planejar, rascunhar, reler e editar. Assim, embora seja, praticamente, unânime a opinião de que a leitura contribua para a produção textual, podemos deduzir que a falta de leitura não é a única responsável pelos textos ruins que são escritos.

> **EXEMPLO 2**
>
> ## Ler muito ajuda, mas não basta para escrever bem
>
> Esse foi o título da entrevista da professora titular da Faculdade de Educação da Universidade de São Paulo-USP, Maria Thereza Fraga Rocco, à Folha de São Paulo (04.04.2002).

A professora, há muito tempo, realiza estudos para verificar como está a capacidade de escrita de vestibulandos. Ainda que pontos da maior relevância sejam contemplados nessa entrevista, por ora nos restringimos a dois deles.

SUGESTÃO 1:

"Dominar o texto escrito é garantir o direito à cidadania, o que o aluno não terá se não souber escrever."

A entrevista refere-se a uma função social de amplo espectro, sob a qual se incluem outras tantas, uma vez que a almejada inserção social pode ser promovida, em parte, pelo professor de língua materna que colabora eficazmente para com o desenvolvimento do texto escrito.

SUGESTÃO 2:

"Achar que escrever bem é ler muito é uma meia verdade. É claro que, lendo você enriquece seu repertório, mas isso só funciona se você escrever bastante. Além disso, os textos têm de ser discutidos e reescritos várias vezes."

Retoma a professora o que se refere mais propriamente à contribuição da leitura como base para ampliação dos conhecimentos prévios do sujeito, que podem servir para a elaboração de textos, o que, em absoluto, exclui a prática da reescrita. A discussão mencionada pode ser encaminhada tanto pelo professor, como pelos próprios colegas de sala.

7.3 PECULIARIDADES QUE ENVOLVEM O CONTEXTO DE PRODUÇÃO

Inicialmente, lembremos que as atividades podem nos levar a perceber que o processo de composição difere de bons escritores para escritores imaturos: os primeiros detêm mais e melhores procedimentos para colocar suas ideias no papel (já por eles testados e aprimorados) do que os segundos, porque os escritores mais experientes apresentam uma substancial diferença que implica planejar, rascunhar, reler e editar. Assim, embora seja, praticamente, unânime a opinião de que a leitura contribua para a produção textual, podemos deduzir que a falta de leitura não é a única responsável pelos textos ruins que são escritos.

Mas aprofundemos um pouco mais a questão do contexto. Num dado momento do depoimento de Frei Betto (não transcrito no trecho reproduzido nesta Oficina), ele diz que todo texto depende do contexto. E acrescenta:

> *Por isso, dois leitores têm diferentes apreciações do mesmo livro. Cada um lê a partir de seu contexto. A cabeça pensa onde os pés pisam. O contexto fornece a ótica que penetra mais ou menos na riqueza do texto. Um alemão tem mais condições de usufruir Goethe do que um brasileiro. Este, por*

Goethe, Johann Wolfgang von (1749-1832): poeta, romancista, dramaturgo e cientista alemão. Sua poesia expressa uma nova concepção das relações da humanidade com a natureza, a história e a sociedade; seus dramas e seus romances refletem um profundo conhecimento da individualidade humana. Sua influência na literatura da época é difícil de medir. Sua tragédia Götz von Berlichingen (1773) inaugurou o importante movimento literário conhecido como Sturm und Drang (tempestade e tensão), precursor do romantismo alemão. Os sofrimentos do jovem Werther (1774) foi o primeiro romance representativo da literatura moderna alemã. Fausto (1832), uma da obras mestras da literatura alemã e universal, vai além de uma mera reelaboração da conhecida lenda do erudito mago medieval Johann Faust, constituindo-se uma alegoria da vida humana em todas as suas ramificações. Enciclopédia Microsoft® Encarta®. © 1993-2001 Microsoft Corporation.

sua vez, ganha do alemão na incursão pelos grandes sertões e veredas de Guimarães Rosa. De meu contexto leio o texto e extraio, para a minha vida, o pretexto.

O contexto ao qual Frei Betto se refere é aquele que diz respeito ao seu conhecimento de mundo. É a partir dele, que é individual, que o sujeito constrói o sentido do texto. Daí a questão da escolha adequada de um texto (ou textos, ou situação) ter de ser feita com o maior critério, quando fazemos uso desse expediente para a aula de redação. Os textos que apresentamos para os alunos lerem têm de estar próximos, de alguma forma, da realidade deles.

Em relação à outra face da moeda, a do aluno produtor de textos, a maior parte do material que é produzido por ele ocorre em função do conteúdo das matérias, o que não se restringe às aulas de língua portuguesa. Esse tipo de escrita pode ser dividido em escrita mecânica (tomada de notas, cópia do quadro, respostas curtas etc.) e redações formais (resumos de textos, pesquisas, dissertações para fins de avaliação etc.). Nesses casos, a finalidade não é aprender a escrever, mas revelar aos professores o que os alunos sabem e não sabem. No capítulo anterior, vimos ser esse o modo expositivo de escrever.

Neste momento, vamos nos voltar mais ao que se chama modo literário ou escrita criativa que, rotineiramente, é mais conhecido como redação escolar. Trata-se da escrita para aprender: aprender a pensar (pensamento formal), aprender a selecionar, a organizar, a refletir. Falar de escrita criativa não implica que somente nesse tipo esteja presente a criatividade.

> ### EXEMPLO 3
>
> Estabelecer um fórum para a escrita com finalidades de aprendizado.
>
> A composição desse fórum se dá por múltiplas atividades.

SUGESTÃO 1:
Levar o aluno a perceber o processo da escrita.

Guimarães Rosa, João (1908-1967): escritor modernista brasileiro. Nasceu em Cordisburgo, Minas Gerais, e faleceu no Rio de Janeiro. Formado em Medicina, exerceu a profissão no interior de seu estado natal. Ingressou, em 1934, na carreira diplomática e ocupou vários postos no exterior. João Guimarães Rosa revolucionou a moderna literatura brasileira. Seus livros, em um português muito próprio, revelam, apesar do aparente regionalismo mineiro, um universalismo resistente a qualquer época ou estilo. Seu único romance, Grande sertão: veredas, retrato heroico e lírico da região das Gerais, foi considerado, em 1998, por cem professores brasileiros de literatura, como o melhor livro brasileiro do século XX. Rosa criou um vocabulário singular, repleto de neologismos, muitos inventados a partir da justaposição de palavras existentes. Seu primeiro livro, Sagarana (1946) é uma coletânea de contos de onde foi retirado A hora e a vez de Augusto Matraga, filmado por Luiz Carlos Barreto. Corpo de Baile (1956) foi editado em dois volumes. Primeiras estórias (1962) trouxe o conto A terceira margem do rio, adaptado para o cinema por Nélson Pereira dos Santos. No conto Meu tio o Iauaretê, publicado no livro Estas estórias (1969), Guimarães Rosa, por meio de sons e significados, leva o leitor a se identificar com o narrador enquanto ele se transforma em onça — para devorar quem o escuta. Enciclopédia Microsoft® Encarta®. © 1993-2001 Microsoft Corporation.

SUGESTÃO 2:

Auxiliar o aluno para desenvolver o seu processo da escrita.

Vale assinalar que cada um tem seu próprio processo.

Nosso ponto de partida para esse trabalho: o contexto de produção é entendido como o conjunto de fatores que forma os diferentes aspectos da produção do texto escrito.

7.4 O PLANO DE AÇÃO DO PROFESSOR

No que se refere ao ensino de redação escolar, os fatores que compõem o contexto de produção é oferecido total e exclusivamente pelo professor. Sabemos, também, que, entre outros fatores, o sucesso ou fracasso do trabalho escolar decorre da interação professor/aluno, desde que o mestre desempenhe o papel de incentivador e organizador da produção escrita de seus alunos.

Como, na maioria das vezes, é o professor quem apresenta a proposta de redação, é preciso explicitar alguns aspectos, de modo a dar condições ao aluno para que ele possa escrever seu texto. Tais condições originam-se de um plano de ação do professor que engloba: o que se quer ensinar – a produção do texto escrito (ou outro conteúdo específico); como proceder em relação ao conteúdo selecionado; e de que forma a proposta de redação daria conta dos objetivos do professor.

Em seu plano de ação, além de considerar o testemunho de autores para esclarecer os alunos das dificuldades inerentes ao processamento do texto, um ponto importante precisa ficar claro, no referente às instruções que norteiam a produção textual dos alunos, pois a tarefa de redigir pode ser relativamente facilitada, quando o professor oferece orientações precisas. A insegurança, decorrente de vagas suposições, pode gerar perda de tempo (PASSARELLI, 2004).

Com base em Serafini (1994), indicamos a seguir pontos sobre os quais é necessário certo esclarecimento antes de iniciar o trabalho.

É comum que o professor utilize o título da redação para fornecer instruções, mas nem sempre o título oferece pistas suficientes para que sejam esclarecidas todas as características do texto. Na maioria dos casos, o professor prontifica-se a oferecer esclarecimentos adicionais. Para ele encaminhar a tarefa de seus alunos, deixando-os menos inseguros, alguns elementos devem estar presentes na proposta de redação: destinatário, objetivo do texto, gênero do texto, papel do redator, objeto da redação, comprimento do texto e critérios de avaliação.

Antes de apresentarmos algumas especificidades sobre cada um desses elementos, observemos que, quando interagimos verbalmente com alguém, dizemos algo de uma determinada forma, num determinado contexto e o que objetivamos com nosso dizer pode determinar as escolhas que serão feitas com relação ao gênero no qual o discurso se realizará, à seleção de procedimentos de estruturação e, também, à seleção de recursos linguísticos.

O *destinatário* **do texto**, em geral, é o próprio professor. Porém, muitas vezes, pode-se imaginar um destinatário diferente que motive o aluno a escrever o texto. Dessa forma, é oportuno que se especifique explicitamente o destinatário para que a escolha não recaia sempre no professor.

A questão do *objetivo* **do texto** é de fundamental importância. De acordo com Serafini,

> um texto pode ser, por exemplo, um instrumento de organização de informações, pode oferecer ao professor um objeto de avaliação sobre as atividades estilísticas dos alunos, pode pretender convencer alguém de uma ideia ou divertir os leitores.

É possível estabelecer mais de um objetivo e eles devem ser expostos de forma clara, para que, depois, durante a avaliação, professor e aluno verifiquem se esses objetivos foram atingidos ou não.

Normalmente, o gênero não é especificado no trabalho de redação escolar. Entretanto, um mesmo tema poderia ser reescrito sob outras formas: carta, poesia, diálogo, conto. Daí a importância de o aluno ter a clareza sobre o gênero do texto que lhe é solicitado. Não importa em que situação, mas sempre que falamos ou escrevemos, estamos a produzir algum gênero textual.

Gênero:
Com as tecnologias, há atualmente, gêneros novos, o que não se pode desconsiderar nas situações de ensino.

O **papel de** *redator* depende do objetivo e do gênero do texto.

Se o objetivo do texto, por exemplo, for discutir um tema polêmico, espera-se que o redator argumente de forma convincente. Para tanto, poderá assumir a primeira pessoa (do singular ou do plural) ou esconder-se por detrás da pretensa neutralidade e/ou distanciamento, expresso pela terceira pessoa.

Não podemos nos esquecer de que não há texto puro, sequer neutro. Por exemplo: o *curriculum vitae*, que se insere no grupo dos textos informativos, também pode se inserir entre os textos persuasivos já que ele carrega clara intencionalidade de persuadir o leitor. A biografia, também inserida entre os informativos, poderia perfeitamente estar no literário etc.

O *objeto* da redação pode ser deduzido a partir de um tema ou título. Um bom tema ou título poderá gerar uma discussão, o que já é um modo de começar a trabalhar.

Em função dos elementos anteriores está a *extensão do texto*. Aqui entra a questão relacionada ao equilíbrio quantidade/qualidade. Nem sempre escrever muito resulta em um bom texto. A definição de um dado número de linhas pode estar correlacionada aos objetivos, ao tempo disponível.

Por último, temos os *critérios de avaliação* que, estabelecidos pelo professor, devem servir como norteadores tanto para ele próprio como para o aluno. Os critérios podem variar, já que estarão diretamente relacionados aos elementos anteriores que devem constar do *plano de ação do professor*. Observá-los é papel do professor que deseja criar um clima favorável de trabalho, compatível com a natureza complexa da tarefa.

De quase nada adianta o professor tomar em conta todos os aspectos do contexto de produção, se ele desconsiderar que seu aluno possa estar desmotivado.

Pierre Bach (1991) propõe um projeto pedagógico de escrita, referindo-se ao clima de trabalho como um pressuposto, visto que uma aprendizagem verdadeira só acontece em clima de trabalho favorável, ainda mais quando se trata de produção textual, por ser uma boa oportunidade para que o aluno se sinta convidado a expor-se, a deixar-se conhecer por meio de sua escrita.

Se o professor sistematizar a prática, ele terá como ministrar instrução específica a respeito da produção textual, evidenciando ao aprendiz que, para melhorar sua redação, faz-se necessário levar em conta o que adotamos como roteiro-sugestão para o ensino do texto escrito.

Na medida em que o professor observa cada um dos elementos do contexto de produção, ao elaborar sua proposta de trabalho, ele já está propiciando um clima mais favorável, porque está norteando o aluno diante do ato de escrever.

Mas, para que haja um clima de trabalho definitivamente mais favorável, no momento em que o professor elabora sua proposta de redação, precisa ter em conta:

- a escolha do que vai ser lido tem de ser criteriosa; não pode sugerir leitura somente daquilo com que mais se identifica, mas, acima de tudo, com o que seus alunos se identificam; se o texto, por exemplo, um pequeno conto, fizer parte de um livro (e os alunos gostarem), talvez eles queiram ler mais;
- o que se quer (objetivos – ensinar o quê?) com aquela redação;
- o perfil da turma, para adequar a linguagem ao nível dela (reside aqui o perigo de se pegar propostas prontas);
- o tempo de que se dispõe – se é suficiente para os alunos fazerem tudo que está sendo pedido;
- o que não estiver especificado na proposta não poderá ser exigido que os alunos façam (eles não são adivinhos; estão na escola para aprender);
- se os alunos não gostam de escrever, não se pode exigir um texto para nota logo de início;
- o produto do aluno, de certa forma, depende do modo como o professor elabora sua proposta.

Para exemplificar as reflexões aqui acomodadas em uma proposta de produção textual, destinada ao 9º ano do ensino fundamental, vejamos a que foi aplicada recentemente em processo de avaliação externa do desempenho de alunos, pela Avalia Educacional:

EXEMPLO 4

Diploma

"O melhor advogado de que tenho registro da história de São Paulo foi Luiz Gama, que não tinha nenhum curso. Era ex-escravo, autodidata e, com sua ação como rábula, libertou mais de 500 escravos. Então, fica provado que não é necessário o diploma universitário para prática dessa profissão, que, como outras — no critério de Gilmar Mendes — , se aprende com a prática. E Luiz Gama, ao contrário de gente altamente graduada por aí, libertava pobres. E tinha ética."

MOUZAR BENEDITO (São Paulo, SP)
São Paulo, domingo, 21 de junho de 2009,

Diploma

"Atento à manifestação do senhor Mouzar Benedito no 'Painel do Leitor' de ontem, estou certo de que, se precisasse defender a vida, a liberdade, o patrimônio, a segurança, a honra ou qualquer outro direito seu ou de parente querido, não contrataria advogado(a) não graduado(a), apenas confiando em sua suposta experiência."

ALVARO CONSIGUO CARRASCO JÚNIOR, advogado (São Paulo, SP)
São Paulo, segunda-feira, 22 de junho de 2009

SUGESTÃO

Considerando o conteúdo desses dois textos, escreva uma carta formal endereçada ao editor do jornal para manifestar sua opinião sobre a contratação de serviços profissionais de pessoas não graduadas, indicando com qual ponto de vista você concorda e por que discorda do outro.

Atenção:

Você pode usar a folha de rascunho para esboçar sua redação, mas não deixe de passá-la a limpo, a tinta, na página REDAÇÃO. O rascunho não será considerado.

Seu texto não será considerado se:

- não apresentar estrutura de carta de leitor;
- não atender à proposta da prova e fugir do tema;
- estiver com menos de 10 linhas;
- estiver totalmente ilegível.

Na sugestão do Exemplo 4, temos todos os ingredientes que precisam fazer parte da proposta para que os alunos redijam sem terem de ficar perguntando ao professor quais as expectativas dele em relação à produção textual. Com isso, todos ganham tempo, e a tarefa pode ficar mais facilitada.

PARA FINALIZAR...

A árdua tarefa do professor de ensinar a escrita de um modo menos superficial pode partir de um plano de ação mais consistente ao considerar que a proposta de produção textual tem de ser clara o suficiente, para que os estudantes sejam capazes de escrever sem explicações adicionais.

Se algum dos pontos a serem contemplados não estiver claramente enunciado, os alunos nos perguntam – como assim?!–, o que se configura um indicativo de que nosso próprio texto merece um ajuste.

Não podemos "cobrar" textos claros, completos e coerentes, se nós mesmos apresentamos textos que precisam de complementações orais para que a turma consiga dar início ao ato de escrever.

REFERÊNCIAS

BACH, Pierre. **O prazer na escrita**. Rio Tinto/Portugal: Edições Asa/Clube do Professor, 1991.

BIANCHETTI, Lucídio (org.). **Trama & texto**. Passo Fundo: Plexus e Ediupf, 1997.

KOCH, Ingedore Villaça. **A inter-ação pela linguagem**. São Paulo: Contexto, 1992.

KRASHEN, Stephen D. **Writing**: research, theory and applications (Language teaching methodology series). Oxford, England: Pergamon Institute of English, 1984.

PASSARELLI, Lílian Ghiuro. **Ensinando a escrita**: o processual e o lúdico. 4. ed. revista e ampliada. São Paulo: Cortez, 2004.

SERAFINI, Maria Teresa. **Como escrever textos**. Trad. de Maria Augusta Bastos de Matos, 6. ed. São Paulo: Globo, 1994.

SUGESTÕES DE LEITURA

BACH, Pierre. **O prazer na escrita**. Rio Tinto/Portugal: Edições Asa/Clube do Professor, 1991.

KOCH, Ingedore Villaça. **A inter-ação pela linguagem**. São Paulo: Contexto, 1992.

SERAFINI, Maria Teresa. **Como escrever textos**. São Paulo: Globo, 1994.

8

O planejamento de um texto a partir do *Jogo da Mentira*

8.1. PLANEJANDO UM TEXTO

Não só sentimos na pele o problema, mas também ouvimos muitas referências, em relação à falta de motivação do aluno como um dos fatores que o levam a relutar, quando precisa produzir um texto para a escola. E mais: ao ter a incumbência de escrever um texto a partir de um tema ou título proposto pelo professor, o estudante passa a acreditar ser a escrita uma exigência única e exclusiva da escola e, portanto, não tem serventia fora dela.

No geral, nossa escola não ensina a escrever. Antes, ensina a transcrever a aula dada ou o texto lido. Trata-se de uma escola reprodutora, em que o aluno não é levado a expressar ideias próprias.

Mas, como a confecção do texto escrito, na maioria das vezes, parte de uma proposta do professor, precisamos refletir sobre o nosso papel de "professores de produção textual". De que forma, então, podemos contribuir para que nossos alunos se tornem escritores competentes?

> Escritores:
> quem escreve é "escritor" e nossos alunos podem ser estudantes escritores competentes.

Valendo-nos do fato de que a leitura pode ser um contributo para a melhora do texto escrito e sabedores que somos sobre a relutância que muitos de nossos alunos manifestam em relação à leitura e à escritura, sugerimos que o professor leia em voz alta uma história para os alunos, fazendo as vezes de um contador de histórias. Ao incorporar um expediente dessa natureza, sublinhe-se que o sabor de experimentar ouvir uma história, de modo desinteressado, pode levar o estudante ao prazer, como nos dizem Rodari (1982), Pennac (1995) e Bajard (1994). Com isso, o intuito é o de iniciar um ambiente interativo, de uma forma menos convencional.

Bajard (1994, p.53) afirma que, entre as funções da leitura em voz alta, uma se destaca: a função que se refere à convivência, à função comunicativa. A leitura em voz alta propicia um envolvimento entre as pessoas implexas na comunicação, que não mais focaliza a apropriação do texto. O foco apresenta um deslocamento, passando a situar-se "na singularidade de uma comunicação espacial entre uma pessoa que dá voz ao texto e outra que, ao escutá-lo, o enxerga".

Apesar de muitos defenderem apenas a prática da *leitura silenciosa* pelos alunos, não se pode negar que ouvir alguém contar uma história é muito agradável, supondo-se que o assunto seja do interesse dos ouvintes e que o contador saiba fazê-lo. A despeito disso, escutar o professor dizer o texto escrito, sem dúvida, pode ser outra forma de os estudantes sentirem prazer (Pennac, 1995).

Nas aulas de produção escrita, uma atividade de leitura em voz alta, pelo professor, tem dois propósitos:

1º) instaurar um clima diferente para a solicitação de um texto escrito;

2º) apresentar um contexto (que tenha a ver com o perfil da classe) a partir do qual os alunos escreverão.

Em grande parte das situações escolares, muitos dos estudantes questionam sobre o que aprendem na escola, pois creem que os conteúdos que ensinamos só servem para as provas. Nossos alunos, na verdade, nem sempre conseguem estabelecer uma conexão entre o que aprendem e a vida de verdade, pois não é sempre que nós, professores, sabemos fazer essa conexão.

Talvez porque estamos tão preocupados com os conteúdos que temos de ministrar nos esquecemos do ser do aluno, inserido numa dada sociedade. Propiciar um espaço para ele poder falar de si próprio, ou do que gosta, ou do que sabe um pouco, pelo menos inicialmente, seria menos desgastante e mais motivador tanto para o aluno como para o professor.

Muitos estudantes gostam de escrever, desde que não se trate de uma atividade escolar. Percebemos que os textos que redigem tratam de assuntos diretamente relacionados aos seus interesses. Eles gostam de escrever em suas agendas, nos cadernos de questionários (aqueles em que há uma pergunta de ordem pessoal em cada página), em seus celulares e computadores, os gêneros que circulam nessas mídias entre tantos outros suportes típicos desta era da comunicação e da informação via "aparelhos".

Em relação ao desinteresse dos alunos, leve-se em conta que o interesse pode ser despertado por atividades propostas pelo professor, por eventos sociais que aguçam a curiosidade, ou mesmo por curiosidades espontâneas que o professor atento consegue captar e alimentar, em lugar de reprimir.

A propósito de despertar o interesse, vejamos o que diz Bortner (apud MORSE; WINGO, 1968, p. 421) a respeito da motivação:

> *a motivação que, no caso do ensino, pode ser definida como um esforço do professor para estabelecer um motivo – isto é, um impulso, necessidade ou desejo – em seus alunos, de forma que sejam atingidos os objetivos da aprendizagem, ou para ligar os motivos já existentes nos alunos aos objetivos da aprendizagem.*

Nesse sentido, motivar é propiciar aos estudantes, com a maior frequência possível, momentos de comunicação, com a escolha de "situações e temas que tenham largamente em conta os interesses dos alunos e a sua realidade quotidiana" (BACH, 1991, p.38).

Vale lembrar que os estudantes encontram-se, em geral, em fase propícia para que o professor possa, também, por meio de estratégias adequadas, motivá-los para novos temas, gerando, naturalmente, novas áreas de interesse.

8.2. SUGESTÃO DE SITUAÇÕES QUE MOTIVEM A ESCRITURA

Ainda que levemos em conta o processo da escrita para o ensino do texto escrito, o que já é uma ruptura com a rotina desse ensino, julgamos oportuno fazer propostas adequadas aos interesses dos alunos, ou trabalhar previamente a motivação quando as propostas fogem da realidade deles.

A MOTIVAÇÃO

1º passo: Fazer as vezes de um contador de histórias

O professor lê um texto que tenha a ver com o perfil dos alunos. Escolhemos uma crônica para exemplificar. É preferível que não se mencione que essa leitura faz parte de uma estratégia de ensino referente à redação escolar. Se a palavra "redação" abarca uma conotação não muito feliz para os alunos, é melhor anunciar que se trata apenas de uma atividade diferente: ninguém tem de pegar no lápis; é só ouvir.

Ao fazer as vezes de um contador de histórias, o professor, assumindo ora uma voz "neutra" (a sua mesmo...) para fazer as vezes do narrador, ora a voz das personagens, instaura um jogo que faz dele um *outro*. Por essa via, o professor/contador/"ator" pode oferecer o prazer que as histórias proporcionam.

EXEMPLO 1

Conversa de passagem

Jacintho Adorno

Esperando o ônibus que parece sempre demorar a vida inteira, naquela manhã de chuva assistiram a um episódio no mínimo esquisito. Um carrão daqueles importados, que pouca gente reconhece o modelo e a marca, passa devagarzinho e, do banco do carona, o ajudante de pizzaiolo, colega de ponto e de ônibus daqueles seis passageiros, põe a cabeça para fora da janela e grita:

– E aí, seus trouxas! O busão tá demorando? Bem feito! Quem mandou...

E o carro arrancou, deixando todos os colegas de agruras do ponto de ônibus entre assombrados e curiosos. Assombrados com essa atitude mais maluca, curiosos com a frase que ninguém entendeu o finalzinho.

– Mano... que deu nesse cara?! Ele é meu camarada, a gente se cruza aqui no ponto quase todo dia e na birosca da dona Ivete todo sábado depois do trampo. O cara é gente fina às pampa, ajuda em casa, tá pra casar... Que que será que ele disse? Quem mandou o quê? Ser duro? Eu, hein?

– Gente fina? Como assim, meu rapaz? Como é que pode... mangar de pessoas mais velhas do que ele.

Só me faltava a estas alturas de minha vida, eu, com mais de setenta anos, aguentar fedelhice de um molecote... Quem mandou o quê? Depender de condução a vida toda? Ora essa!

A jovem senhora que trabalha meio período no escritório de contabilidade também sai em defesa do pizzaiolo:

– Ele é boa gente... Outro dia ele estava lá no sopão do Padre Valdo. Sabe o sopão do Padre Valdo? Sempre que posso vou ajudar, mas, com meus gêmeos na idade em que estão, mal consigo ir à missa, imagine dar uma força para servir a sopa à noite... Mas o pizzaiolo vai sempre ajudar. Acho que ele estava querendo dizer "quem mandou... não ter dinheiro para ter seu carro", mas era só brincadeira...

– Alto lá, minha cara, brincadeira seria se todos nós estivéssemos a nos divertir, brincadeira é quando todos os envolvidos acham graça, o que não me parece ser o caso. Alguém está a achar engraçado o que disse esse gajo? – retrucou indignado o Senhor Manoel.

Antes que a mãe dos gêmeos pudesse responder, o advogado aposentado, que tem fobia de dirigir por causa de uma batida que deu quando jovem, tomou a palavra:

– Data venia, Senhor Manoel, acho que ninguém está achando graça. Além disso, é no mínimo uma falta de respeito incomensurável esse rapaz se dirigir a seus conhecidos com tamanha falta de decoro. Acho também que não se trata de alusão a fator de natureza financeira, posto que ele bem conhece meu histórico e, portanto, é sabedor de que sou obrigado a andar de transporte coletivo em virtude de meu estresse pós-traumático.

– Istresse o quê, Dotô Aníbal? É grave? Esse trem pega?

– Relax, Dona Berta, ele só tem é um baita medaço de pilotar carro – esclareceu o colega de birosca do pizzaiolo.

– Uai, então por que não falou logo? Esse dotô adora falá comprido...

O advogado já ia partir para a tréplica, quando os seis personagens à espera de um transporte coletivo o veem finalmente dobrando a esquina.

– Demorô... – exclamou o colega de birosca.

A preocupação com o lugar que teriam – se é que teriam um assento – roubou a cena, e o julgamento do pizzaiolo ficou para a manhã do dia seguinte.

Depois da leitura, propomos uma discussão a respeito da dicotomia saber "fingir"/poder criar, para que se possa compreender melhor o "fingimento" de que os autores se valem para poder escrever. A preocupação com o leitor leva o escritor a fazer de conta que tem a idade, o tipo de vida etc., da personagem.

Sugestão

O texto *Conversa de passagem* é construído com a prevalência da gramática do uso, bem como com diferentes registros de fala, demonstrando importantes aspectos dentro do tema variação linguística.

Nesse sentido, há o uso de recursos linguísticos que ferem a norma culta, mas que não comprometem a coerência do texto; ao contrário, pois se apresentam adequados ao contexto situacional criado pelo autor.

Por meio desses aspectos de adequação da linguagem, em função do contexto de que o autor se vale para "falar" por suas personagens, podemos mostrar aos alunos que o ato de escrever implica, não raras vezes, "saber fingir" (mais especificidades sobre essa questão, ver Passarelli, 2004).

2º PASSO: JOGAR UM JOGO

Para motivar os alunos e favorecer o ensino do texto escrito, propõe-se uma estratégia que aliará a interação, instaurada pelo contar história, a uma dimensão lúdica, por meio de um jogo. É válido que se ressalte o tipo de jogo que será "jogado": um jogo sem o tradicional aspecto competitivo, um jogo sem vencedores ou vencidos, cujo destaque é o de estimular a imaginação.

Vejamos com mais cuidado o que ela implica, de acordo com Nielsen Neto (1991, p. 51): "a imaginação é a capacidade de conservar na memória a representação de um objeto, fato ou ação ausentes, podendo ocorrer de duas formas":

> IMAGINAÇÃO: faculdade de representar objetos pelo pensamento: ter uma imaginação viva. / Faculdade de inventar, criar, conceber: artista de muita imaginação. / Opinião sem fundamento, absurda: isso é pura imaginação. / Resultado da faculdade de imaginar. Fonte: Enciclopédia Koogan Houaiss Digital. Rio de Janeiro: Delta, 1998.

➤ imaginação **reprodutora**: faz com que as imagens captadas pela sensação venham à tona, sem a necessidade de estar presente o que a estimulou; refere-se ao que o indivíduo recorda (uma história, uma foto, uma paisagem, fatos alegres e agradáveis, ou fatos tristes e desagradáveis);

➤ imaginação **criadora**: permite ao homem inventar o novo, combinando várias sensações concretas já vivenciadas. Estimula produzir obras das mais variadas ordens (artísticas, tecnológicas, científicas ou filosóficas), existindo aspectos da realidade em suas elaborações.

São esses os aspectos que encaminham a proposta do que segue.

EXEMPLO 2

Jogo da mentira

Como todo jogo, este também tem a sua regra: é proibido falar a verdade, ou seja, vamos descobrir quem consegue usar a imaginação para fingir que é outra pessoa.

↠ Como você se chama?

↠ Qual é o seu signo?

↠ O que mais o(a) preocupa na vida?

↠ Você é feliz?

↠ O que você gostaria de dizer ao seu melhor amigo, mas não tem coragem?

↠ O que você sente quando está amando?

As respostas a essas perguntas conduzem o aluno a uma espécie de monólogo, o que tem a sua razão de ser, uma vez que o ato de escrever é um ato de isolamento, para não dizer solitário. Estamos, em verdade, preparando terreno para a feitura do texto, que será realizada posteriormente. Para os alunos mais novos ou menos preparados, é bom que o professor explicite que suas respostas podem ou não ser iguais à sua própria vivência. Não é pelo fato de a personagem ser fictícia que as respostas têm de ser diferentes da realidade do aluno. A experiência de vida do aluno é que fornece material para a criação. Uma personagem inventada é fruto da imaginação criadora e, por isso, quando da feitura do texto, é preciso deixar claro que as respostas da personagem inventada podem coincidir com o que os próprios indivíduos são, pensam ou sentem.

Tendo em vista motivar os estudantes para a produção do texto escrito, esta atividade lúdica é praticamente individual, pois o professor apenas monitora as perguntas do jogo. Nas classes numerosas, o professor poderá propor que os participantes escrevam em seus cadernos as respostas, embora, sem dúvida, o ideal seja que todos joguem pela via da oralidade.

Se os estudantes propuserem que o professor também jogue, é sinal de que o espaço interativo está mais consolidado e, por isso, ele não deve se esquivar.

Por essa perspectiva, os jogos de desempenhar papéis e as simulações apresentam-se como técnicas pedagógicas particularmente adaptadas para fazer que os estudantes vivenciem situações de comunicação, em que "os atos de fala e as funções discursivas são mais mis *en scène* do que os exercícios formais ou repetição e explicação de um diálogo tradicional" (CARÉ; DEBYSER, 1991, p. 69).

E se alguém questionar com que objetivo se está propondo o jogo, continua sendo mais adequado não dizer que se trata de uma motivação para a produção de um texto, mas podemos perfeitamente dar algumas "pistas" acerca dos objetivos, revelando que, além de estarmos brincando, contando histórias etc., estamos, também, trabalhando um aspecto muito importante do estudo de nossa língua.

Ao fazer uso de sua imaginação para poder fingir (intérprete) que é outro indivíduo, esse mesmo aluno pode perceber que tem capacidade para criar, para inventar e o melhor: ele pode brincar de "mentir", dentro da própria escola. Uma personagem criada, inventada é uma representação que se refere a algo diferente daquilo que o indivíduo é habitualmente e, embora a criança fique

> **HUIZINGA (Johan):** historiador holandês (Groningue, 1872 – De Steeg, 1945). Autor de importante estudo sobre a Idade Média (O declínio da Idade Média, 1919). In: Enciclopédia Koogan Houaiss Digital. Rio de Janeiro: Delta, 1998.

literalmente 'transportada' de prazer, ela não perde inteiramente o sentido da 'realidade habitual'. Mais do que uma realidade falsa, sua representação é a realização de uma aparência: é 'imaginação', no sentido original do termo (HUIZINGA, 1980, p. 16-17).

E é com esse sentido que podemos perceber a função do jogo.

Apresentados os aspectos que sustentam a estratégia motivadora – o professor, fazendo as vezes do contador de histórias e monitorando as perguntas do jogo –, atinge-se o momento de dar início à apresentação da primeira etapa do roteiro-sugestão

8.3. O PLANEJAMENTO

Estabelecendo um contraponto entre a personagem criada pelos alunos e as personagens da crônica de Jacintho Adorno, para evidenciar o ato de criar "por escrito", o professor pode explicar que eles puderam atuar em tais atividades, porque, para interpretá-las e compreendê-las, enfim, para participar do jogo, foram ativados os conhecimentos que eles já possuíam arquivados na memória. A essas informações, convém o professor acrescentar que as atividades desenvolvidas, notadamente o jogo, propiciaram elementos motivadores para poder desencadear o trabalho que será produzido mais adiante.

Isso evidenciado esclarece aos estudantes que, para a elaboração de um texto escrito, o indivíduo resgata de sua memória ideias e/ou fatos reais e/ou fictícios. No caso da escrita, todo esse resgate serve para o indivíduo *criar* e isso implica que não se trata da própria realidade, mas da *criação* de uma realidade.

Em concomitância às suas explanações, espera-se que o professor sistematize na lousa, gradativamente, os passos desse percurso, conforme o que se sugere a seguir.

[leitura da crônica + jogo]

↓

elementos motivadores

↘

memória

↓

repositório de conhecimento

↙   ↘

ideias / fatos   Ä   *reais/ fictícios*

↓

criação de uma realidade

[personagem da "*mentira*" etc.]

Chegados a essa etapa, precisamos mostrar aos alunos que o professor não é o "sabe-tudo", pois, tal e qual foi visto nos depoimentos dos escritores, ele também tem suas próprias limitações no tocante ao ato de escrever. Assim, convém, também, mostrar que o seu papel é o de facilitador quanto ao processo da escrita e não apenas de "corretor" de textos prontos.

Somente a partir desse ponto é que solicitamos um trabalho prático: a escritura de um texto (sem a menção da fatídica palavra "redação"), a partir das orientações que seguem no Exemplo 3.

EXEMPLO 3

Proposta de produção textual

Sugestão

Criação: Usando o que foi respondido no JOGO DA MENTIRA, vocês vão criar um texto do gênero que bem entendam, porque ele tem de estar de acordo com o que vocês querem comunicar, ou seja, de acordo com o recado que vocês pretendem dar aos leitores.

Leitores: Esse texto será lido por todos nós e por aqueles a quem vocês queiram exibir sua obra.

Avaliação: A avaliação vai ser diferente: não haverá nota. Como esse texto não é para nota, a avaliação servirá para vocês descobrirem o que é preciso mudar ou aprimorar quando escreverem seus próximos textos.

Obs.: a liberdade dada ao aluno em relação ao gênero implica que ele pode escrever desde um gênero narrativo, como a crônica que deu início às atividades, como uma carta, uma mensagem eletrônica, um depoimento...

Para a produção textual escrita, o professor oferece aos alunos uma sugestão de aproveitamento do que já foi trabalhado, ressaltando que o trabalho, até este ponto, deu-se em nível de plano mental. Partindo dessa premissa, aponta-se que, de certa forma, os estudantes já começaram a produzir seus textos mentalmente.

Dando continuidade aos passos que o processo de escritura implica, sugere-se que o professor proponha que cada aluno faça a seleção do que for relevante para o seu texto, levando em conta os seus receptores.

Neste momento, é importante reiterar: a criação de uma realidade é oriunda da memória, da visão de mundo que cada indivíduo tem, sendo ela diferente de indivíduo para indivíduo, visto que cada um tem uma história de vida. Trata-se, pois, do:

*seleção do que
for relevante*

Para que possam ser organizadas as ideias, evidenciando que cada um tem o seu processo peculiar para escrever, sugere-se a elaboração do mapa (SERAFINI, 1994), lembrando que podem existir outras formas de organizar o que vai ser escrito.

Não há impedimento algum de a organização poder realizar-se, também, apenas em nível mental. Ainda assim, mesmo que a título de sugestão, merece ser enfatizada a pertinência do uso de um tipo de organização, cujo fim principal reside em seu aspecto facilitador, isto é, para que o indivíduo tenha mais condições de racionalizar, visualmente, as ideias que, não raras vezes, surgem aos borbotões.

organização

↙ ↘

mapa, anotações etc.

Enquanto as anotações podem ser esparsas, o mapa é mais ordenado, pois por meio dele, podemos visualizar, rapidamente, informações centrais e secundárias, uma vez que ele apresenta, de forma esquemática, numa espécie de gráfico, as ideias já com uma organização relacional.

PARA FINALIZAR...

Com base numa crônica do cotidiano comunicativo, pudemos mostrar uma possibilidade de como levar os alunos a exercitarem suas energias criativas.

Esse tipo de atividade, independentemente da faixa etária dos alunos, propicia ao professor tirar um pouco da aura negativa das atividades redacionais desenvolvidas na e para a escola.

Se o professor já tiver ultrapassado essa fase de enfrentamento "litigioso" com o ato de escrever, essa é mais uma oportunidade de pôr seus alunos diante de atividades permeadas pela ludicidade produtiva.

REFERÊNCIAS

BACH, Pierre. **O prazer na escrita.** Rio Tinto/Portugal: Edições Asa/Clube do Professor, 1991.

BAJARD, Élie. **Ler e dizer. Compreensão e comunicação do texto escrito**. São Paulo: Cortez, 1994.

CARÉ, Jean-Marc; DEBYSER, Francis. **Jeu, langage et créativité**. Paris: Hachette, 1991.

HUIZINGA, Johan. **Homo ludens:** o jogo como elemento da cultura**. Trad. de João Paulo Monteiro, 2. ed. São Paulo: Perspectiva, 1980.

MORSE, W. C.; WINGO, G. Max [orgs.], **Leituras de psicologia educacional.** São Paulo: Companhia Editora Nacional, 1968.

NIELSEN NETO, Henrique. **Filosofia da Educação**. 3. ed. São Paulo: Melhoramentos, 1990.

PASSARELLI, Lílian Ghiuro. **Ensinando a escrita:** o processual e o lúdico. 4. ed. revista e ampliada. São Paulo: Cortez, 2004.

PENNAC, Daniel. **Como um romance**. Trad. de Leny Werneck, 2. ed. Rio de Janeiro: Rocco, 1995.

RODARI, Gianni. **Gramática da fantasia.** Trad. de Antonio Negrini, 7. ed. São Paulo: Summus, 1982.

SERAFINI, Maria Teresa. **Como escrever textos.** Trad. de Maria Augusta Bastos de Matos, 6. ed. São Paulo: Globo, 1994.

SUGESTÕES DE LEITURAS

BACH, Pierre. **O prazer na escrita.** Rio Tinto/Portugal: Edições Asa/Clube do Professor, 1991.

RODARI, Gianni. **Gramática da fantasia.** Trad. de Antonio Negrini, 7. ed. São Paulo: Summus, 1982.

VAL, Maria da Graça Costa. **Redação e textualidade**. São Paulo: Martins Fontes, 1994.

9

Tradução de ideias em palavras, revisão e editoração

9.1. PRELIMINARES

Optamos por evitar os termos "redação", "rascunho" e "passar a limpo", por serem expressões tão desgastadas no contexto escolar que, às vezes, nós mesmos as empregamos de forma automática e nos esquecemos de mostrar aos alunos as implicações que elas abarcam.

A oportunidade de o aluno apreender a função de cada uma das etapas do processo de escrita possibilita o desenvolvimento e/ou o aprimoramento de sua competência escritora.

Em vista disso, para que os alunos possam entender a função de todas as etapas da escrita, o mais adequado é que eles as percorram de fato. Neste capítulo vamos nos ater às três etapas finais: *tradução de ideias em palavras, revisão e editoração.*

Não obstante algumas diferenças de uma teoria para outra, a visão da escrita sob a ótica processual é unânime quanto à perspectiva voltada à necessidade de se fazer um texto provisório (o tradicional rascunho) a ser revisado na etapa seguinte do processo, antes de ser editorado.

> **Lembrete:** a escrita não-processual caracteriza-se pela junção de todas as etapas em uma única, justamente por não propiciar a produção textual em etapas. Assim, a escola subtrai do aluno a possibilidade de conhecer as funções distintas de cada uma delas.

9.2. A TRADUÇÃO DE IDEIAS EM PALAVRAS

O processo da escrita prevê avivar ideias e planejar, como vimos no capítulo anterior, tendo em vista esboçá-las ou testá-las, o que pode ser antecedido por diálogos com o professor ou debates entre pares.

Sabemos que cada pessoa tem um jeito próprio para escrever, o que, numa sala de aula, é facilmente verificado. Nossa tarefa como professores é auxiliar os alunos em aspectos cruciais para a obtenção de um texto, mas sem desrespeitar as individualidades.

Uma vez definido o tema da produção escrita, podemos observar dois extremos: alunos que planejam bem mentalmente e começam a colocar as ideias em palavras numa ordem, que pode ou não se aproximar da ordem final do texto, e os que precisam rabiscar, escrever um pouco, fazer uma espécie de aquecimento mental para encontrar por onde começar. Entre esses extremos há, ainda, uma variedade de estilos.

Seja como for, estudos como o de Faulkner (apud CALKINS, 1989) aconselham como única saída para dar início a um texto: que o estudante procure logo vencer a página em branco, colocando as primeiras ideias no papel, ciente de que elas poderão ser mudadas.

Ainda que o aluno/escritor vacile muito e hesite para escrever (ou para começar a escrever), caso lhe ocorra alguma ideia, mesmo sem estar seguro se essa ideia vai ser usada ou não, importa colocá-la no papel, pois, além de poder mudá-la, não deve correr o risco de perdê-la, desperdiçando algo que depois não conseguirá recuperar.

Uma vez escrito um parágrafo, por exemplo, é importante retomá-lo pela leitura, para dar continuidade ao próximo, o que auxilia não só na articulação das ideias e na coesão e coerência do texto, mas também no despertar de novas ideias.

Entre os recursos mobilizadores de ideias estão o plano mental, a tempestade de ideias, o mapa de ideias e as anotações prévias.

O plano mental dispensa a confecção da organização por escrito e ocorre, em geral, com o "escritor" que se vê diante de assunto que conhece e, graças a sua memória, é capaz de mentalmente pensar por onde começar, por onde caminhar e concluir seu texto.

Na tempestade de ideias, o "escritor" joga no papel, de forma até mesmo desordenada, palavras ou frases que vêm à mente sobre o assunto, para depois tentar uma ordem. Esse procedimento

> **Tempestade de ideias:** originariamente conhecida como *brainstorming*, corresponde à técnica de discussão em grupo que se vale da contribuição espontânea de ideias por parte de todos os participantes, no intuito de resolver algum problema ou de conceber um trabalho criativo.
> Dicionário eletrônico Houaiss da língua portuguesa (2009).

costuma ser normal diante de assuntos sobre os quais ainda não dispomos de muitas informações.

O mapa de ideias depende de já dispormos de informações sobre o assunto, faltando ainda saber como vamos organizá-las. Como mostra Serafini (1994, p. 31-6), trata-se de uma organização feita no papel, por meio de grupos associativos de ideias.

As anotações, por sua vez, são muito importantes quando temos de redigir um texto dissertativo sobre tema que nos exigiu leituras prévias.

Mas, seja qual for o recurso usado, é este o momento de passar para o papel as ideias, ou seja, "traduzi-las" em palavras.

Observa-se, em alguns alunos, resistência para fazer um texto provisório. No entanto, é fundamental mostrar a eles que escritores renomados reelaboram várias vezes seus textos, antes de chegar às obras editadas que conhecemos.

Na vida escolar, admitir a reelaboração é um meio para chegar a bons textos. Trata-se do momento em que o indivíduo põe em ação um esforço por realizar uma espécie de consórcio entre as ideias e as palavras com as quais ele intenciona traduzir seu pensamento, podendo modificar à vontade o que escreveu, por ter ainda um texto provisório. Daí a importância de o aluno valer-se de recursos como os que foram mencionados, para rever ideias iniciais, avaliando se devem ou não ser aproveitadas no texto.

Diante, por exemplo, do tema "Água", um aluno poderá ter, de imediato, ideias a respeito e organizar mentalmente seu texto, pondo-se logo a escrever.

Outro aluno poderá ter necessidade de fazer uma tempestade de ideias, jogando no papel palavras como:

– *chuva, poluição, alagamento, mar, falta de água, rios mortos etc.*

E só após reunir palavras de forma aleatória é que fará suas escolhas e começará a se organizar para escrever. Pode logo chegar a um plano mental ou precisar de uma espécie de mapa, esquema ou roteiro para a escrita. Então passa a ordenar as palavras e, nesse processo de ordenação, outras ideias poderão surgir graças à associação entre as ideias que vão sendo registradas.

Outro aluno poderá sentir necessidade de organizar um mapa de ideias, colocando o termo "água" no centro e organizando ao seu redor palavras, expressões que correspondam aos focos escolhidos, como, por exemplo:

- água límpida, água potável etc.;

- poluição, saneamento básico etc.;

- abastecimento de água, reservatórios, falta de água, clorificação da água etc.

O mapa ordena as ideias por grupos associativos, representados graficamente, o que já põe em evidência uma possibilidade de desenvolvimento do assunto, além de estimular outras relações que poderão gerar novos grupos associativos.

A organização de um grupo associativo se dá da seguinte maneira: escreve-se no centro da página a palavra que expressa a ideia ou fato e, à medida que nos vêm à mente ideias correlatas, as dispomos como raios ao redor do centro.

Outro aluno, ainda, poderá ter feito uma pesquisa sobre "água" e tomado notas a partir dos textos lidos para utilizar em sua produção. As anotações correspondem a informações que cumprem a função de prolongamento da memória, o que facilita o trabalho em lugar de voltar novamente a cada texto lido.

Ao iniciar a tradução das ideias em palavras, poderá o produtor do texto valer-se de um plano mental, uma vez que dispõe de várias informações sobre o assunto, ou fazer roteiro ou um mapa de ideias.

A ordem em que serão usadas as informações anotadas, seja em que formato for, constitui o primeiro momento da tradução de ideias em palavras. Nessa fase de produção do texto, surgem novas ideias; algumas intuições começam a tomar corpo, e o próprio argumento passa a ser mais bem articulado, o que vem a comprovar que a linguagem é, por excelência, argumentativa.

De toda forma, para que um texto atinja seus objetivos, é preciso que o autor traduza de tal maneira suas ideias que o resultado cative o leitor.

Exemplo de texto: o exemplo apresentado faz alusão à linguagem altamente elaborada de Rui Barbosa.

Antes de concluir este item, julgamos oportuno dar um exemplo de texto que, embora tenha claramente um caráter jocoso, até mesmo caricatural, serve para mostrar que qualquer autor pode perder de vista seu interlocutor já na tradução das ideias em palavras.

> ## Ô Moço!
>
> *Rui Barbosa*, ao chegar em sua casa, ouviu um barulho esquisito vindo do seu quintal.
>
> Chegando lá, constatou que havia um ladrão tentando levar seus patos de criação.
>
> Aproximou-se vagarosamente do indivíduo, surpreendendo-o tentando pular o muro com seus amados patos.
>
> Batendo nas costas do tal invasor, disse-lhe:
>
> Ô *bucéfalo*, não é pelo valor intrínseco dos bípedes *palmíferes* e sim pelo ato vil e sorrateiro de galgares as profanas de minha residência. Se fazes isso por necessidade, transijo; mas se é para zombares de minha alta prosopopeia de cidadão digno e honrado, dar-te-ei com minha bengala *fosfórica* no alto de tua *sinagoga* que reduzir-te-á à quinquagésima potência que o vulgo denomina nada.
>
> E o ladrão, confuso, disse:
>
> - Ô moço, eu levo ou deixo os patos?
>
> (Texto não assinado que veiculou pela Internet no mês de abril de 2002.)

9.3. REVISÃO

Uma vez escrito o texto, segue necessariamente uma revisão feita pelo próprio autor, ou por um colega.

A revisão do próprio autor costuma não ser muito produtiva, quando feita imediatamente após o término do texto, dado que ele continua autor e não leitor do seu texto e, como tal, poderá ler o que tinha em mente e não o que está escrito.

Mas, uma das grandes (talvez a maior) dificuldade que costumamos enfrentar, durante as aulas de produção textual, é convencer nossos alunos da imanente necessidade da execução dessa etapa. Para demovê-los de tal resistência, podemos partir de um questionamento sobre a produção de textos de um jorro só, assim como retomar alguns depoimentos de autores, no Capítulo 6, que mostram que escrever é um processo artesanal que exige texto provisório e revisão.

Barbosa, Rui (1849-1923): jurista, jornalista e político brasileiro, nascido em Salvador, Bahia, e falecido em Petrópolis, Rio de Janeiro. Bacharel em direito pela Faculdade de São Paulo, identificou-se ideologicamente com o liberalismo, revelando forte influência inglesa, embora, também, admirasse o modelo político norte-americano, particularmente o federalismo. Destacou-se como parlamentar e excelente orador, defendendo o federalismo, o fim da escravidão e elaborando eruditos pareceres sobre a instrução pública primária e secundária.

Teve participação importante na elaboração da Constituição de 1891, de nítida influência norte-americana. No governo de Floriano Peixoto (1891-1894) exilou-se na Inglaterra. Senador pela Bahia desde 1895, representou o Brasil na Conferência Internacional de Haia, em 1907, defendendo a igualdade entre as nações num foro dominado pelas grandes potências.

Identificou-se ideologicamente com a classe média urbana, então, minoritária, num País ainda tipicamente agrário. Excelente escritor e clássico da língua, foi membro e presidente da Academia Brasileira de Letras e escreveu centenas de trabalhos jurídicos e políticos, sob a forma de discursos, conferências, artigos e pareceres.

Enciclopédia Microsoft® Encarta®. © 1993-2001 Microsoft Corporation.

Depoimentos de autores

Em especial os de números 9, 10, 13, 14, 15 e 17.

Bucéfalo:
nome do cavalo de Alexandre Magno. Daí Corcel de batalha etc. (Pop.): Cavalo ordinário. (Fig): indivíduo ignorante, rude e/ou pouco inteligente.

Palmíferes:
que produz palmeiras. Refere-se ao pé do pato que lembra a folha da palmeira.

Fosfórico:
relativo a ou que contém fósforo; que brilha como fósforo em chama. (Fig.) Que se irrita, se zanga com facilidade.

Sinagoga:
lugar onde se reúnem os israelitas para culto religioso. Regionalismo Brasil. (Pop.) Cabeça como parte do corpo humano.

Mas temos de admitir que a relutância em fazer um esboço ou a primeira redação do texto é comum a todos nós, num determinado estágio da escolaridade, porque, antes mesmo de começar, desconfiamos de que iremos mudar alguma coisa (ou muitas), o que implica mais trabalho.

No entanto, é fundamental trabalhar esse aspecto, uma vez que o resultado obtido com o texto é sempre melhor. Se assumirmos isso, numa espécie de cumplicidade com os alunos, mostramo-nos com as mesmas dificuldades que eles e, quem sabe, passem a nos ver sem a máscara de "sabe-tudo".

Reiteramos, pois que se faz necessário conscientizar os alunos acerca da função dessa etapa no processo, para que eles apreendam a extensão das implicações que a feitura de um texto acarreta.

Convém alertá-los para o fato de que essa etapa não visa só à correção de aspectos da gramática normativa, ou ao aprimoramento da própria caligrafia, ou, ainda, deixar o texto mais "limpo" para a hora da editoração. Sobretudo ela visa obter a melhor forma para o texto.

É bem verdade que pode o "escritor" fazer "correções" de forma um tanto natural e espontânea enquanto escreve, em função do componente que monitora a feitura da produção, mostrado no Capítulo 7: o guardião do texto. Mas em que pese o monitoramento contínuo, enquanto se elabora um texto, o aluno/escritor há que fazer, após a reelaboração em termos de ajustes semântico-pragmáticos, uma revisão formal.

Assim, tomamos a revisão como uma etapa que envolve autocorreção, ajuste de palavras e construções às intenções do autor, além de revisão de pontuação, ou quaisquer outros deslizes gramaticais que tenham passado.

Ainda sobre a rejeição do aluno à revisão e a pouca atenção dada a essa etapa na escola, nos ocorre que ela pode ser fruto da prática das trinta linhas produzidas em quarenta minutos, que obriga, quando muito, a uma releitura rápida, o que exclui, naturalmente, uma leitura de correção, menos ainda, uma leitura crítica.

Associada a isso está também – quando o professor insiste em solicitar a revisão – a devolução pelo aluno do texto tido como final, praticamente igual ao texto provisório, mesmo que apresente boa quantidade de problemas.

Vale enfatizar a importância de, nessa fase, o aluno/escritor se perceber como leitor de si mesmo e, como tal, observar a unidade de seu texto, sem perder de vista o sentido global e a importância de correções e ajustes onde se fizerem necessários.

É, pois nesse ponto do processo que a gramática normativa desempenha papel fundamental, para que erros gramaticais não provoquem ruídos de comunicação ou construções inadequadas levem a mal-entendidos. Portanto há um pressuposto de que o aluno/escritor detenha alguns conhecimentos práticos da gramática, o que não se confunde com memorização e devolução de regras, nem com terminologia gramatical.

Evidentemente, quanto mais experiente for o aluno/escritor na arte de elaborar textos, melhor será sua leitura e releitura, tendo em vista a revisão. Dessa forma, ele passa de leitor para escritor e vice-versa.

Mas considerando a pouca adesão dos alunos a essa fase, talvez seja mais prudente que o professor não se detenha a explicar pormenorizadamente esses expedientes recursivos do processo, para que o aluno não se sinta afrontado diante de uma tarefa que exige dedicação e cuidados maiores, se comparada ao modo com que ele normalmente executa seus trabalhos.

Conquistar o aluno/escritor para a revisão exige trabalho, estratégias na direção de tentar fazer com que ele passe a ver a revisão de seu texto como algo bom, capaz de melhorar o produto final.

O aluno precisa se convencer de que, normalmente, a primeira versão de seu texto está mais voltada à gênese das suas ideias, enquanto, na fase de revisão, ele poderá constatar se as ideias foram expressas de modo organizado, claro, coerente, com correção e de acordo com sua intencionalidade.

Ainda uma observação: quando o próprio autor é responsável pela revisão, é importante que haja um bom intervalo de tempo entre a composição e a revisão.

Mas, por onde iniciar a revisão?

É indiferente começar pela microestrutura ou por segmentos maiores, como a estruturação geral ou a ordem e a organização dos parágrafos, unidades responsáveis pelo desenvolvimento de ideias cuja sequência leva, progressivamente, à ideia global do texto.

Normalmente, a revisão produz transformações localizadas em palavras, frases, parágrafos, em busca da boa legibilidade do texto.

O pesquisador Krashen (1984) afirma que escritores experientes concentram grande atenção na revisão. Escritores regulares da escola básica ou de universidades fazem uso da revisão para clarificar, elucidar, enfim, para tornar compreensível o sentido contido na primeira versão. Já os escritores pouco experientes, autores de redações escolares, apresentam-se, normalmente, menos preocupados com seus textos, cuja finalidade parece prender-se apenas à nota.

Mas será que temos de aceitar isso como algo irremediável?

Acreditamos que não, pois trabalhamos com estudantes que, em sua maioria, não poderiam ser tomados como escritores iniciantes. São, antes, jovens que precisam ser motivados e conscientizados para a escrita.

EXEMPLO 1

Seguem sugestões para serem usadas na revisão de textos dos alunos/escritores.

SUGESTÃO 1

Boa estratégia é inventar, com os alunos, os sinais para problemas de pontuação, concordância nominal, concordância verbal, regência, acentuação, colocação pronominal, frases obscuras etc., como, por exemplo:

P	Pontuação
CN	concordância nominal
CV	concordância verbal
R	regência
A	acentuação
CP	colocação pronominal
???	frases obscuras
Cr	crase
O	ortografia

Em sala de alunos com pouca idade, seria bom agregar cores ao conjunto de sinais estabelecidos com a colaboração deles.

Os sinais a seguir correspondem à mera sugestão e, portanto, espera-se que o professor com seus alunos façam os ajustes que julguem necessários.

[ ]	enquadrar
↓	colocar a parte enquadrada no ponto indicado pela seta
↶↷	transpor letras ou palavras
~~amora~~	suprimir grupo de letras, palavra, ou palavras
/	barra de atenção: colocar à margem, ao lado da emenda a ser feita
↔	abrir espaço
∐	unir
§	abrir parágrafo
☹	frase incompreensível (carinha chorando)
☺	trecho muito bom (carinha sorridente)
☺	trecho mais ou menos (carinha meio sem graça)
√	falta algo no lugar do sinal (sinal de pontuação, algum elemento conector, ou outro elemento linguístico que interligue as ideias)

Sugestão 2

A primeira versão do texto, feita em papel com margem, onde serão colocados os sinais da revisão, é passada para dois colegas que leem e anotam na margem os problemas encontrados. A produção é devolvida para o autor que avalia a correção dos colegas, aceitando-a ou não, sempre frente à finalidade estabelecida para o texto. No caso de não aceitá-la, terá de argumentar oralmente. Isso pode implicar a seleção, a cada vez, de apenas algumas produções para o procedimento oral, tendo em vista o tempo que despende.

A nova versão, também em papel com margem, é guardada pelo próprio autor ou pelo professor, para uma leitura em outro dia. Após a autocorreção, algumas serão lidas e comentadas oralmente. Só, então, será feita a revisão final do texto, pelo autor. Alguns textos serão sorteados ou escolhidos para circularem por uma semana pela classe que fará sugestões.

9.4. EDITORAÇÃO

A editoração refere-se à etapa em que o texto é preparado para sua versão final, incluindo aí a diagramação, a sua apresentação visual. É importante que o aluno/escritor compreenda que texto bem editorado causa boa impressão ao leitor.

É inaceitável texto final com rasuras, rabiscos etc.; texto que o professor precisa virar de várias maneiras para ver se entende o que está escrito.

Sem dúvida, é desejável que a produção escrita se conclua com uma exposição "pública", para que ela não fique restrita apenas ao professor e à nota.

E é em função desse caráter público, mesmo que a um público restrito como a sala de aula ou o mural da escola etc., que se faz adequado ultrapassar a fase de "passar a limpo" e, após a revisão, chegar à editoração do texto, tendo em vista levá-lo a leitores perante os quais o autor tem de ser cooperativo para que suas ideias sejam bem recebidas.

Essa etapa corresponde, pois, ao momento em que o desprazer de "passar a limpo" um texto para ser lido apenas pelo professor corretor possa ser substituído por uma preocupação com novos leitores.

Sabemos, no entanto, que não serão todos os textos produzidos pelos alunos que serão divididos com outros leitores, pois isso nem sempre é viável no dia a dia da sala de aula. Mas é importante que o aluno/escritor vivencie essa experiência algumas vezes para agregar novo significado à sua produção textual.

Mesmo que os textos não saiam da sala de aula, ainda assim é aconselhável que colegas os leiam.

Ao que tudo indica, é fundamental no ensino de produção textual que os estudantes sejam mobilizados no sentido de saber o que estão fazendo e por que o fazem. Como adverte Jolibert (1994, p. 35-6), não se trata

> de produzir a cada vez um texto adaptado a uma determinada situação, mas também de aprender a produzi-lo, de tal forma que, logo depois, cada criança possa mobilizar suas competências de maneira autônoma, transpondo-as para novas situações. Ora, não se ensina uma criança a escrever, é ela quem ensina a si mesma (com a nossa ajuda e a de seus pares). Cada criança possui seu caminho próprio; é preciso

que ela viva as situações de aprendizagem que lhe permitam ao mesmo tempo ter referenciais constantes e construir suas próprias competências.

É comum que ao editorar o próprio texto o estudante o revise com mais cuidado; por isso mesmo, costuma ser boa estratégia conceder um intervalo maior de tempo entre a revisão e a editoração, a fim de que o aluno, distanciado do ato da escrita, consiga, ao reler o que escreveu, ser mais claro e/ou mais crítico, alterando a forma final a seu texto.

EXEMPLO 2

Retomemos o texto jocosamente atribuído a Rui Barbosa. Após nova leitura, pensemos no seguinte: se essa situação (furto) acontecesse em outros universos, que enunciados provavelmente seriam produzidos por diferentes personagens (vítima e ladrão)?
Para cada uma das sugestões temos de levar em conta a coerência textual, sob a perspectiva da focalização que tem a ver com o produtor e o receptor, e qual a representação que fazemos das personagens envolvidas. A situação pode ser comparada a um indivíduo que tenha uma câmera na mão e que possa acompanhar tanto o produtor como o receptor no momento em que um texto é processado. O produtor fornece ao receptor determinadas pistas sobre o que está focalizando, ao passo que o receptor recorre a crenças e conhecimentos partilhados sobre o que está sendo focalizado, para poder entender o texto de modo adequado.
Portanto, um mesmo texto pode ser lido de modo totalmente diferente, por causa das várias possibilidades de focalização. As duas sugestões a seguir comportam, naturalmente, muitas outras variáveis.

Sugestão 1.

Vítima: dona de casa de meia idade / ladrão: rapaz de 17 anos, baixo nível de escolaridade.

Ô, Moça!

Dona Maria, dona de casa de meia idade, ao chegar a sua casa, ouviu um barulho esquisito vindo do seu quintal.

Chegando lá, viu que havia um ladrão tentando levar seus patos de estimação.

Aproximou-se bem devagar do indivíduo, surpreendendo-o ao tentar pular o muro com seus amados patos.

Batendo nas costas do rapaz, disse-lhe:

Ô menino, não é pelo valor em dinheiro desses patos, mas pela sua falta de vergonha de entrar no meu quintal. Se você faz isso por necessidade até perdoo; mas se é porque é um ladrãozinho qualquer que invade minha casa, vou te dar umas vassouradas bem dadas na cabeça, para nunca mais se esquecer.

E o ladrão, rapidinho, disse:

- Ô moça, aqui fica seus pato. Fui.

Sugestão 2

Vítima: um velho padre / ladrão: menino.

Ô, Seu Padre!

O padre, ao chegar a sua casa, ouviu um barulho esquisito vindo do seu quintal.

Chegando lá, viu que havia um ladrão tentando levar seus patos de criação.

Aproximou-se bem devagar do moleque, surpreendendo-o quando tentava pular o muro com seus patos.

Batendo nas costas do menino, disse-lhe:

Meu filho, não é pelo valor em dinheiro desses patos e sim pelo triste ato de invadir uma residência, cometendo o pecado de se apropriar do que não é seu. Se você faz isso por necessidade, vamos conversar, mas se foi por pura malandragem, peço que venha até aqui e ouça um conselho: você é jovem e pode se corrigir para não cair na tentação de outros roubos e ir parar na cadeia.

E o ladrão, atrapalhado, disse:

- Ô, seu padre, eu só tava brincano.

Deixou os patos no quintal e pulou rapidamente o muro.

PARA FINALIZAR...

As três etapas apresentadas representam, sem dúvida alguma, um grande desafio para nossa escola. Basta que nos lembremos como a maioria de nós vivenciou a chamada redação escolar.

Como vimos no passado, é complicado trabalhar com um tema tal qual "A gota d'água", absolutamente descontextualizado, e exigir que o aluno produza um texto.

Antes de qualquer coisa, é fundamental povoar a mente dos alunos com ideias, pois não se consegue traduzir em palavras aquilo que não se conhece.

Havia também na nossa escola uma ideia equivocada: o aluno precisava fazer muitas redações. Embora acreditemos que seja redigindo que se aprende a redigir, não vemos a quantidade de produções textuais como alternativa para melhorar o desempenho dos alunos. Quantidade desprovida de qualidade parece não dar bons resultados. Por isso, julgamos oportuno que o professor repense o processo como um todo e busque adequar estratégias à realidade de suas salas, solicitando, vez ou outra, uma produção textual fora dos parâmetros das trinta linhas em quarenta minutos.

Surpreender os alunos com novas alternativas talvez seja um caminho mais produtivo ante o ensino do ato de escrever.

REFERÊNCIAS

CALKINS, Lucy McCormick. **A arte de ensinar a escrever**. Trad. de Daise Batista. Porto Alegre: Artes Médicas, 1989.

HOUAISS, Antonio. **Dicionário eletrônico Houaiss da língua portuguesa**. Rio de Janeiro: Objetiva. Versão 1.0. [CD-ROM] 2009.

JOLIBERT, Josettet. (e colab.). **Formando crianças produtoras de textos**. v. II. Trad. de Walkíria M.F. Settineri e Bruno Charles Magne. Porto Alegre: Artes Médicas, 1994.

KRASHEN, Stephen D. **Writing**: research, theory and applications (Language teaching methodology series). Oxford, England: Pergamon Institute of English, 1984.

SERAFINI, Maria Teresa. **Como escrever texto**s. Trad. de Maria Augusta Bastos de Matos, 6.. ed. São Paulo: Globo, 1994.

SUGESTÕES DE LEITURAS

CALKINS, Lucy McCormik. **A arte de ensinar a escrever**. Porto Alegre: Artes Médicas, 1989.

SERAFINI, Maria Teresa. **Como escrever textos**. São Paulo: Globo, 1994.

JOLIBERT, J. (e colab.). **Formando crianças produtoras de textos**. v. Porto Alegre: Artes Médicas, 1994.

10

A produção escrita na web e a avaliação em geral

10.1. PRELIMINARES

Retomando a reflexão sobre o contexto que caracteriza o mundo contemporâneo, foi inevitável não retomar a segunda proposta de Ítalo Calvino (1994), publicada no livro Seis propostas para o próximo milênio.

> Seis propostas para o próximo milênio
> Na verdade são cinco, pois o autor morreu antes de divulgar a sexta.

Nessa conferência, pronunciada em 1984, na Universidade de Harvard, Estados Unidos, cujo tema foi a "rapidez", o autor não tratou da Internet. Resgatou a linguagem popular, em especial a que vem expressa no conto popular, cuja característica primordial, como aponta, é a economia de expressão que consegue se deter no essencial.

Atualmente, quando vemos uma sociedade apressada, vivendo sob o domínio de tecnologias da informação, com equipamentos novos que surgem numa velocidade indescritível, somos tentados a pensar a linguagem da Internet sob o mesmo prisma da rapidez que Calvino já identificava como alguma coisa presente no século XXI.

A pergunta que nos fazemos é se a rapidez da linguagem da Internet teria alguma semelhança com a rapidez da linguagem dos contos populares nos quais se encontra a grandeza da simplicidade e da profundidade numa escrita despojada.

Vamos tentar ver num texto, pelo menos, se a antevisão de Calvino teve algum significado, ou se a velocidade e a imprevisibilidade é que são as marcas deste novo século.

Mas, seja como for, já parece inevitável que o professor leve em conta essa realidade, se desejar ensinar para a vida e não só para a própria escola.

Ter perfil em sites de relacionamento, escrever seu próprio blogue ou manifestar-se em blogues de outrem, participar de salas de chat, fazer parte das "n" redes sociais que estão por aí, entre tantos outros meios que possivelmente estão sendo criados neste exato momento, passam a ser coisas corriqueiras entre nossos alunos.

10.2. UMA NOVA LINGUAGEM?

A produção de textos para a web coincide com a própria web. Portanto, a linguagem nela veiculada conta com pouco mais que duas décadas, tempo relativamente pequeno para a fixação de variantes, se considerarmos parâmetros anteriores à web.

Apesar da pouca idade, encontramos uma vitalidade surpreendente, graças à rapidez com que é veiculada, difundida e assimilada.

> *...se forem consideradas as várias possibilidades de interação pela Internet, teremos de admitir que, além do correio eletrônico, são muito difundidos os blogs pessoais, as listas e fóruns de discussão, os sites de relacionamento, como, por exemplo, os de fanfiction, nos quais jovens compartilham textos etc. Isso tem tornado crescente o número de mensagens escritas transmitidas pela Internet, inclusive por intermédio dos telefones celulares, ampliando o uso da escrita de mensagens de texto ou torpedos (CINTRA, 2010, p. 174).*

A polêmica criada em torno do risco da linguagem da Internet não é muito diferente da que aconteceu nos idos de 1940, sobre os malefícios da linguagem em quadrinhos em relação à competência escritora de crianças e jovens. O resultado foi desastroso para aqueles impedidos de ler e, portanto, de vivenciar registro que,

---

Blogue: sofrendo aportuguesamento, a palavra já foi dicionarizada: página pessoal, atualizada periodicamente, em que os usuários podem trocar experiências, comentários etc., ger. relacionados com uma determinada área de interesse (HOUAISS, 2009).

Web: nome pelo qual a rede mundial de computadores, Internet, se tornou conhecida a partir de 1991, quando se popularizou em virtude da criação de uma interface gráfica que facilitou o acesso e estendeu seu alcance ao público em geral.

Fanfiction: termo abreviado como "fanfic". Refere-se a um tipo de literatura de ficção que busca atingir pessoas com os mesmos interesses, em torno dos mangá japoneses, de traduções de histórias em línguas estrangeiras e produções interativas, numa espécie de cruzamento entre este tipo de literatura e jogos de RPG.

Capítulo 10 A produção escrita na web e a avaliação em geral

poucos anos após, foi considerado salutar para o desenvolvimento da leitura e da escrita de crianças e jovens, sendo mesmo utilizado em materiais didáticos.

Talvez melhor que discutir seja vermos o diálogo do poeta, tradutor e ensaísta, romancista, cronista Ledo Ivo (nascido em 1924) a respeito dessa forma de escrever. Antes, porém, assinalamos que entre as formas reduzidas de escrever, talvez seja o migoxês um dos que mais choca o adulto. Trata-se de nome popular de um socioleto da língua, utilizado por adolescentes brasileiros na Internet e outros meios eletrônicos. O nome deriva de *miguxo*, termo usado entre eles para "amiguinho".

> Ledo Ivo:
>
> escritor nascido em Maceió-AL, e que reside no Rio de Janeiro. Integra a geração de 1945, tendo estreado com As imaginações (1944) que se seguiu de farta produção literária.

> Socioleto:
>
> uma variedade usada por grupos com características sociais comuns.

EXEMPLO 1

Bjs p vc, blz?

24 de outubro de 2004

Você acha que sabe ler? Então, leia a seguinte frase: "Aiiii blz? C vc naum entendee nd, fq tranq pq jaaa vmus traduzi". Agora, a tradução: "E aí, beleza? Se você não entender nada, fique tranquilo porque nós vamos traduzir".

Esta nova linguagem aparece na tela do computador de 7 milhões de brasileiros que usam a Internet para conversar, ao mesmo tempo, com vários amigos. É a tecnologia de dois comunicadores instantâneos: o ICQ e o Messenger.

Camila é fissurada em ICQ. "Fico falando das novidades, o que a gente vai fazer no final de semana", conta. Ela domina a técnica, mas a mãe... "Olha isso: 'I kik cum ela'. Traduzindo: 'Se você for chamar com ela e quicar com ela, ela vai ficar bolada".

E o que é quicar? "É não dar bola para ela", explica Camila.

"Isso me deixa aflita porque acho que é uma geração que lê muito pouco ou quase nada. É uma geração que não lê jornal, não lê revista nem livro. O livro é obrigatório na escola, que ela lê na véspera da prova. E escreve deste jeito! Ou seja: onde o português vai parar?", indaga Márcia Eduarda Faveret, mãe de Camila. Em uma sala de aula, a resposta é unânime: todos conhecem o ICQ.

"É muito inteligente. Eles conhecem o mecanismo da língua. Apesar de, como professora de Português, eu fico meio atônita, a gente não pode deixar que isso passe desapercebido. É muito inteligente da parte do jovem porque ele utiliza os fonemas. Se aparecer essa nova linguagem em uma prova ou em uma redação, eu vou ficar muito assustada, mas vou entender a origem. Como professora, eu vou deduzir os pontos devidos", avalia Rosana das Graças Nogueira.

Afinal, essa linguagem é certa ou errada? Lêdo Ivo tem 80 anos e 60 de poesia. É um imortal. O que será que um membro da Academia Brasileira de Letras acha dessa nova linguagem?

"É praticamente a mesma linguagem que eu uso, porque a linguagem de poeta e a linguagem de criança é a mesma coisa. É uma linguagem cifrada", define o acadêmico, que pergunta: "E meu nome nesta língua, como se escreve?".

"Ledu Ivu". "Está ótimo. Melhor que no original, muito mais bonito", ri o poeta. "É uma língua fonética, muito econômica, muito lacônica", avalia.

Será que o imortal prefere esta língua ou a língua culta? "Eu prefiro as duas, porque acho que a pessoa deve ser, no mínimo, bilíngue", comenta Lêdo.

"Mas tem alguns professores que não gostam", diz uma jovem. "São professores caretas", responde Lêdo.

Dez minutos e o professor Lêdo Ivo já consegue ler todas as mensagens. Ele, então, lança um desafio: "Acho que vocês precisam traduzir um poema meu nesta língua".

"Prefiro essa tradução a para o inglês ou para o ale-

> mão. Estou me sentindo um poeta do meu tempo, do dia que passa. É como se eu estivesse frequentando filólogos e lingüistas", declara Lêdo Ivo, que pergunta: "Você aceita ser meu companheiro na Academia Brasileira de Letras?", pergunta o escritor.
> "Acto". Traduzindo: "Aceito".
> "Então, está quase eleito", finaliza Lêdo Ivo.
> www.globo.com/fantastico. Disponível em: <http://fantastico.globo.
> com/Fantastico/0,19125,TFA0-2142-5508-192478,00.html

SUGESTÃO 1:

Sem a ajuda das crianças seria possível ler essa linguagem?

À primeira vista, parece impossível.

Antigamente, as crianças brincavam muito com a "língua do p" e para os não iniciados ela era, também incompreensível.

Podemos estabelecer um paralelo entre esses dois "códigos" e um outro para iniciar uma reflexão com nossos alunos.

✓ É errado conversar na "língua do p"?

✓ É errado escrever na linguagem cifrada da Internet?

✓ É errado estenografar?

Começando pela última pergunta, a estenografia (ou taquigrafia) é uma técnica de escrita que utiliza caracteres abreviados especiais, permitindo que se anotem as palavras com a mesma rapidez com que são pronunciadas, já foi muito usada por secretárias, repórteres e outros profissionais.

Se estendermos essa resposta às outras perguntas, veremos que mudam os usuários, os suportes, mas a função é praticamente a mesma.

Assim, fica evidente não se tratar propriamente de erro, mas de uma técnica entre usuários (o internetês) e, como tal, cumpre sua função social.

O erro está em misturar os contextos de produção e usar a "língua do p", o internetês ou um texto estenografado numa situação não propícia para isso.

Sugestão 2:

O que temos de fazer diante de usos do internetês?

Lamentar apenas não resolve. Se nos deparamos com ocorrências desse tipo em textos produzidos por nossos alunos, cujo contexto requeira mais formalidade, nós, como professores, em lugar de recriminar, temos de orientar quanto aos ajustes necessários para o texto ficar adequadamente construído em relação ao contexto em que se insere.

Talvez o mais acertado seja assumir que essa linguagem cifrada vai ser empregada enquanto houver necessidade de os usuários de ferramentas digitais escreverem, já que elas propiciam mais rapidez na formulação dos textos.

O mais relevante é mostrar ao aluno a importância das variantes linguísticas e dar uma atividade como, por exemplo, a produção de um convite para uma festa da escola. O convite será dirigido aos familiares numa linguagem mais formal e aos amigos em internetês.

Parece fundamental considerar que a produção escrita para a web difere da produção escrita para qualquer outro suporte, da mesma maneira como diferem entre si produções em papel: carta, contos, relatórios, romances, bilhetes etc.

Mesmo na Internet não redigimos da mesma forma um e-mail para o diretor da escola, tratando de uma questão institucional, e um e-mail para um amigo íntimo.

A realidade nos mostra que diferentes gêneros da web recebem tratamentos semelhantes aos que damos para gêneros tradicionais em papel. Contam muito a situação de comunicação e o interlocutor da mensagem.

Excetuando a forma de escrita do exemplo 1, encontrada entre internautas contumazes, diríamos que o processo de escrita é praticamente o mesmo mencionado nos capítulos anteriores.

Linguagem cinética: é a linguagem do movimento.

É evidente que não estamos considerando a produção de sites cuja arquitetura leva em conta além da linguagem verbal, a visual, a sonora e, por vezes, até a linguagem cinética.

Mas, dentro do escopo da produção escrita, a redação na Internet passa por características muito semelhantes às que comandam a produção escrita fora dela.

Textos que pecam pela falta de clareza, de correção gramatical, de coesão e coerência não serão bem recebidos nem em papel, nem na web.

Se nosso texto internético tem por finalidade convencer alguém de algo, teremos de ser convincentes, seja na nossa forma de dizer, seja no registro de informações suficientes para o tratamento do assunto.

Considerando a rapidez que comanda o mundo tecnológico, o redator há de ser objetivo na construção de seu texto, ou seja, deve ir direto ao assunto evitando rodeios, floreados, excessos ou falta de informação, bem como ruídos gerados por erros gramaticais. Portanto, como em todo texto, o redator tem de considerar a situação interlocutiva ao escrever.

Mas, antes de passar para a *avaliação* de qualquer produção escrita, retomemos a questão da rapidez de Calvino e a da web.

A sensação que nos fica é que num ponto a linguagem da web se aproxima da do conto popular: na economia de palavras.

10.3. AVALIAÇÃO DO TEXTO ESCRITO EM GERAL

A avaliação mais produtiva é aquela que assume um caráter metodológico, como mais uma atividade destinada à aprendizagem dos alunos. Entretanto isso não é fácil de ser feito, já que, historicamente, a avaliação tem, na nossa sociedade, um caráter mais de fim que de meio para o aprimoramento do aluno.

Vamos considerar aqui três modalidades de avaliação do texto escrito: a avaliação analítico-qualitativa, a avaliação analítico-quantitativa e a avaliação holística.

Seja qual for o tipo de avaliação adotada, é preciso levar em conta o objetivo do professor que pode ter sido expresso de forma direta, ou por meio de instruções para a atividade.

Nos três exemplos a seguir, serão utilizados textos autênticos, produzidos por alunos de uma então 7ª série do ensino fundamental (1998), hoje, 8º ano.

Contexto de produção: o objetivo ficou depreendido pela forma com que o professor orientou a sala, uma vez que a produção textual se deu após a leitura, pelo professor, de depoimentos de autores sobre o ato de escrever (semelhante ao que foi mencionado no Capítulo 6). Em seguida, houve uma discussão na classe que teve por base as seguintes perguntas:

O que vocês pensam sobre "escrever"?

Vocês acham que, para os professores, é fácil escrever?

E para os escritores e autores, vocês julgam ser uma tarefa fácil?

Após a discussão, foi dado o tema: Para mim, o que é escrever, seguido de outra informação: Produzam um texto relatando sua opinião.

AVALIAÇÃO ANALÍTICO-QUALITATIVA

A avaliação analítico-qualitativa pede atenção particular a cada aspecto, mas sem a atribuição de pontos a serem subtraídos de uma nota máxima. Assim, cabe ao professor avaliar mais a qualidade de cada aspecto, de sorte que, ao verificar o conjunto, possa atribuir uma nota.

Sabemos que é muito difícil para o professor, habituado a quantificar, pensar apenas na qualidade. Daí uma sugestão intermediária: atribuir valores baseados em porcentagem para os itens avaliados.

Exemplo:

Conteúdo: x%.

Estrutura textual: x'%.

Título: y%.

Coerência: y'%.

Correção gramatical: z%.

EXEMPLO 2

Para mim, o que é escrever

Para mim, escrever é muito Dífícil, por que a gente precisa escrever bem devagar para não errar.

Quando a gente escreve rápido a nossa letra saí muito feia e algumas professoras reclamam, por isso a gente não pode escrever rápido.

Tem vezes que é bom escrever, por que a gente começa conhecer coísas novas da vida, e a gente aprende muitas coísas através dela (e).

AVALIAÇÃO

Foi estabelecido como critério a atribuição dos seguintes pontos percentuais

Conteúdo: 40%.

Estrutura textual: 10%.

Título: 10%.

Coerência: 30%.

Correção gramatical: 10%.

Obs: De como se chegou aos percentuais acima:

Conteúdo: recebeu o maior percentual pelo fato de, nesse caso, as instruções terem solicitado, explicitamente, a opinião pessoal do aluno.

Estrutura textual: não houve uma orientação mais direta para esse aspecto.

Título: foi dado na proposta e não foi solicitado outro título.

Coerência: esperada a concatenação das ideias de forma coerente, de modo que seja mantido o objetivo fundamental (desenvolvimento do tema), levando-se em conta o tipo de texto produzido. Dependendo do grau de comprometimento, em prejuízo da coerência global, a pontuação oscilará.

Em linhas gerais, foram observados os seguintes aspectos para avaliar a coerência:

- relação entre os significados instaurados pelos elementos das frases ou entre os elementos do texto visto como um todo;

- ocorrência de estruturas sintáticas que permitam a visualização clara do objetivo expresso, impedindo, dessa forma, sua diluição (desenvolvimento/explicitação de ideias apresentadas);

- escolha adequada do repertório (uso adequado de um estilo ou registro) ou propriedade de termos, de acordo com o tipo de texto produzido;

> - construção dos parágrafos de extensão tal que se evite sobrecarga de informação;
>
> - ausência de ambiguidades.
>
> Correção gramatical: observada a partir do padrão culto prescrito pela gramática normativa e tendo em conta:
>
> - ortografia;
>
> - acentuação gráfica;
>
> - pontuação;
>
> - sintaxe (concordância verbal e nominal, regência verbal e topologia pronominal).
>
> Da atribuição dos pontos para a redação aqui apresentada:
>
> **Conteúdo**: 30%, uma vez que o texto não apresenta uma abordagem inteiramente consistente em relação ao assunto tratado.
>
> **Estrutura textual:** 10%, por causa, em especial, do último parágrafo que não encerra adequadamente as ideias do autor.
>
> **Título:** 10%.

Vejamos a seguir a Coerência e a Correção gramatical.

SUGESTÃO 1

Coerência: dos 30% previstos, quanto deveria ser atribuído a esse texto?

- relação entre os significados instaurados pelos elementos das frases ou entre os elementos do texto visto como um todo: parece bem-feita a relação;

- ocorrência de estruturas sintáticas que permitam a visualização clara do objetivo expresso, impedindo, dessa forma, sua diluição (desenvolvimento/explicitação de ideias apresentadas): perfeitas;

- escolha adequada do repertório (uso adequado de um estilo ou registro) ou propriedade de termos, de acordo com o tipo de texto produzido: sem nenhum problema;

- construção dos parágrafos de extensão tal que se evite sobrecarga de informação: sem problema;
- ausência de ambiguidades: ok.

Nesse quesito o texto mereceria os 30%.

Sugestão 2

Correção gramatical: dos 20% previstos e, a partir dos aspectos arrolados para a correção, que percentual atribuir?

Pode acontecer de o professor destinar a porcentagem máxima a este item, embora haja a presença de alguns deslizes apontados pelos critérios de correção, caso tais deslizes não cheguem a comprometer a coerência global do texto.

O texto em análise apresenta alguns problemas em relação à norma culta:

... escrever é muito Difícil, por que a gente precisa escrever bem devagar

Tem vezes que é bom escrever, por que a gente começa conhecer coísas.

Não havia menção a respeito do uso de maiúsculas e minúsculas, mas ainda assim, podemos apontar o deslize.

A grafia dos "porquês" (no original manuscrito não fica claro se está junto ou separado, recurso de que muitos de nossos alunos fazem uso), o que gera uma dificuldade para o professor avaliar.

Os acentos agudos indevidos: "Difícil", "saí", "coísas".

O uso do verbo ter em lugar do haver não nos parece grave, em vista de ser muito corrente na língua atual.

A última vírgula do texto não procede, por separar termos com o mesmo sujeito.

Talvez 10% na correção fosse razoável.

AVALIAÇÃO ANALÍTICO-QUANTITATIVA

Na avaliação analítico-quantitativa, espera-se que, para cada aspecto, sejam atribuídos pontos que, somados, cheguem à nota máxima.

Para facilitar a tarefa, o professor pode se valer de algo como 100 ou 50 pontos no total, fazendo, depois, a conversão da nota para a base 10.

Inicialmente vamos considerar a relação conteúdo/forma, assumindo 50% da nota para a forma e 50% para o conteúdo.

Também é possível detalhar mais e estabelecer pontos para itens do conteúdo e da forma, mais ou menos como segue:

➤ conteúdo, englobando o título, a organização e o desenvolvimento das ideias;

➤ forma, englobando a organização formal do texto, a correção gramatical, a coesão, a coerência.

Evidentemente, a atribuição maior ou menor de pontos fica sempre na dependência do objetivo que foi dado à produção textual.

EXEMPLO 3

Pra mim, o que é escrever

Pra mim, escrever é muito interessante, escrever ajuda a reforçar a mente da gente.

Escrever uma poesia ou redação, dependendo do tema é difícil.

Mas quando está desanimada, e tiver que escrever uma redação, aí fica difícil, por que você não consegue pensar em nada.

Escrever também ajuda no vocabulário, tem palavras que a gente não sabe se escreve com: c, s, ss, ou s ou z.

E, para fazer uma redação tem que estar toda certa, isto é, o vocabulário correto, e que tenha um meio e um fim.

Pra mim, escrever é fantástico!!!!

Vamos nos valer da avaliação de 50% para o plano do conteúdo e 50% para o plano da forma.

Plano do conteúdo

Manutenção do tema

Em todo o texto o tema foi mantido, ou seja, o aluno não se desviou da temática proposta.

Expansão das ideias ou progressão semântica das partes do texto.

Localmente, o aluno não dá prosseguimento a algumas ideias, ou seja, não as desenvolve, como em:

... escrever ajuda a reforçar a mente da gente.

Escrever uma poesia ou redação, dependendo do tema é difícil.

Fazer redação é muito divertido, quando está com a cabeça para pensar.

Coerência local

Observada pela não pertinência da relação em:

Escrever também ajuda no vocabulário, tem palavras que a gente não sabe se escreve com: c, s, ss, ou s ou z.

Obs.: O aluno confunde vocabulário com ortografia.

Plano da forma

Nesse plano, corrigimos tudo? Diminuímos nota cada vez que o aluno erra? Ou diminuímos nota por tipo de erro cometido? Vejamos:

Uso formal versus uso coloquial:

Pra mim, a gente.

Falta de elemento coesivo:

Pra mim, escrever é muito interessante, escrever ajuda a reforçar a mente da gente.

Escrever também ajuda no vocabulário, tem palavras que a gente não sabe se escreve.

Omissão da forma pronominal obrigatória

Mas quando está [você ou se] desanimada.

E, para fazer uma redação [ela] tem que.

AVALIAÇÃO HOLÍSTICA

Holístico: relativo a holismo – abordagem, no campo das ciências humanas e naturais, que prioriza o entendimento integral dos fenômenos, em oposição ao procedimento analítico em que seus componentes são tomados isoladamente.

Procedendo de forma diferente, pode-se fazer uma avaliação holística das produções dos alunos.

O termo "holística" refere-se a um trabalho de avaliação global do texto, portanto, segundo esse tipo de avaliação, o professor apenas lê o texto do aluno e atribui uma nota, em função dos objetivos predeterminados.

Não há desconto de pontos por esse ou aquele tipo de problema. De forma global, o professor, ao terminar a leitura da redação, admite algo como: "*essa redação vale x*".

Essa avaliação costuma ser utilizada por professores com grande experiência de ensino. No entanto, ela não elimina possíveis injustiças, como, por exemplo, o professor se deixar impressionar pela qualidade da letra do aluno, ou pela limpeza do texto e não propriamente pelo texto em si.

Recurso frequente que, de certa forma, minimiza os possíveis problemas dessa avaliação é a comparação entre os melhores, os piores textos e os que obtiveram nota média, para que o professor se certifique de que foi relativamente justo na atribuição de suas notas.

EXEMPLO 4

Para mim, o que é escrever

Pra mim escrever e muito bom eu só não gosto de fazer redação porque eu acho muito compricado. Escrever faz bem pra todo mundo mais também não escreve demais né.

E também eu não tenho ideia pra fazer redação em me comprico tudo com as palavras.

Fazer redação não é muito bom porque agente não tem muita ideia pra fazer uma redação e também não tem muitas palavras por isso que eu não gosto de fazer redação.

A leitura do texto gera, de imediato, uma impressão de que seria muito difícil, ou até perda de tempo tentar qualquer tipo de avaliação analítica. Logo, numa avaliação holística, só poderia receber nota muito baixa.

Encerrando este capítulo, apresentamos um esquema–resumo, baseado em Passarelli (1995) que pontua aspectos relevantes da avaliação.

NOTA
↓
avalia os alunos segundo critérios quantitativos
"Professor-repassador" de conteúdos

↙ ↘

instrumento controlador da   meio coercitivo para
disciplina ideologia dominante   reprodução da

↓

prática avaliativa enquanto instrumento de "poder" do professor

↓

aliena os estudantes em relação à vida

Professor-educador
↓
AVALIAÇÃO
↓
recurso metodológico para

↙ ↘

auxiliar o professor   reorientar o professor
a organizar seu trabalho   no processo ensino/aprendizagem

↘ ↙

fazer os alunos aprenderem mais e melhor
Avaliação = prática educativa
calcada na reflexão do processo educacional

↓

refere-se

↙ ↘
ao aluno   ao professor
↘ ↙

para o ensino de qualidade como aquele que promove a aprendizagem

Avaliar é fazer um juízo de valor ou de mérito. É levar em conta os resultados educacionais, para averiguar se cumprem ou não um conjunto determinado de metas educacionais, descartando-se do processo avaliativo a conotação de instrumento controlador.

No processo de avaliação, avaliar não se trata de um fim, mas um meio. Por uma tomada de consciência, pode-se chegar a um caminho que conduza à *tomada de decisão no sentido de adequar o sistema a seus objetivos*; a avaliação formativa visa à *melhoria constante e é contemporânea à ação*, desde que sejam considerados os passos progressivos dos alunos, em relação àquilo que se propõe ensinar (PASSARELLI, 1995, p. 225).

PARA FINALIZAR...

Numa sociedade letrada, como a nossa, parece indiscutível que comunicar-se bem pela linguagem escrita e oral constitui-se necessidade básica. Por meio da leitura, o homem tem acesso ao conhecimento acumulado pela humanidade, pode analisar pontos de vista diferentes dos seus, reavaliar o próprio conhecimento e desenvolver a sua capacidade de criação. Por meio da escrita, registra suas ideias e experiências, com a vantagem de poder revisá--las, compartilhá-las e deixar nelas suas "marcas", reorganizando sua história, construindo conhecimentos.

Seja o texto escolar em papel, seja o texto produzido em forma digital, haverá sempre a necessidade de planejar, pensar em como e o que se vai escrever, reunir informações e traduzir ideias geradas a partir delas em palavras, para, então, proceder à revisão e à editoração.

A avaliação, por sua vez, deveria de ser tomada como prática educativa cujos resultados poderiam ser utilizados para a superação de dificuldades, para o aprimoramento de competências.

A impressão que fica, ao observar o esforço do professor em solicitar e corrigir textos, é de um resultado relativamente inferior a seu esforço.

REFERÊNCIAS

CALVINO, Ítalo. **Seis propostas para o próximo milênio**. Lições americanas. Trad. de Ivo Barroso, 2. ed. São Paulo: Companhia das Letras, 1994.

CINTRA, Anna Maria Marques Cintra. Escrita: ideias que circulam e sua significação no ensino de língua materna. In: BASTOS,

Neusa Barbosa (org.). **Língua portuguesa**: cultura e identidade nacional. São Paulo: Educ/IP-PUC-SP, 2010, p. 165-175.

Encarta Enciclopédia Microsoft® ®. © 1993-2001 Microsoft Corporation.

HOUAISS, Antonio. **Dicionário eletrônico Houaiss da língua portuguesa**. Rio de Janeiro: Objetiva. Versão 1.0. [CD-ROM] 2009.

PASSARELLI, Lílian Ghiuro. A relação interativa versus o desafio do professor: avaliar. In: **Revista da APG-Associação dos Pós--Graduandos da Pontifícia Universidade de São Paulo**. Ano IV, n. 7. São Paulo, 1995, p. 218-227.

SUGESTÕES DE LEITURA

DIONÍSIO, Ângela Paiva; BESERRA, Normanda da Silva (orgs.). **Tecendo textos, construindo experiências**. Rio de Janeiro: Lucerna. 2003.

OLIVEIRA, Avani de. **Redação e ensino**. Um espaço para a autoria. Porto Alegre: Editora da UFGRS, 2008.

MEURER, José Luiz; MOTTA-ROTH, Desiréé (org.). **Parâmetros de textualização**.. Santa Maria: Editora da UFSM, 1997

Considerações Finais

O alicerce teórico atinente à leitura como processo de significação e à produção textual como processo construído por etapas sequenciais e recursivas, dentro de uma perspectiva sociocognitiva interacional, sustenta as atividades que propusemos.

Quer seja quando o aluno percorre o processo complexo e multifacetado de construção de sentidos para dar conta do significado do texto, quer seja quando usa a língua escrita em suas variedades para se comunicar, para exteriorizar pensamentos, informações, nosso intuito, repetimos, longe de preceituar receitas prontas, é contribuir de algum modo para a almejada apropriação adequada de práticas letradas de uso da linguagem.

Pois bem, despedimo-nos esperando que essa contribuição possa auxiliar no desenvolvimento da capacidade de nossos alunos aplicarem conhecimentos e habilidades de natureza linguística, não apenas nas aulas de língua materna, mas em todas as demais situações de interação que permeiam suas vidas.